Engelhorns Lebensbilder

Harald Eschenburg

Die polnische Prinzessin

Elisa Radziwill:
die Jugendliebe Kaiser Wilhelms I.

Engelhorn Verlag · Stuttgart

Keine Gestalt ist erfunden,
alle Briefstellen sind belegt.

CIP-Kurztitelaufnahme der Deutschen Bibliothek

Eschenburg, Harald:
Die polnische Prinzessin : Elisa Radziwill:
d. Jugendliebe Kaiser Wilhelms I. /
Harald Eschenburg. –
Stuttgart : Engelhorn Verlag, 1986.
(Engelhorns Lebensbilder)
ISBN 3-87203-015-9

Lektorat: Ulla Küster
Typographische Gestaltung: Christine Wegener
Gesamtherstellung: Friedrich Pustet, Regensburg
Printed in Germany

Für Franziska

Inhalt

Zur Deutung der Geschichte

Nicht die Lügen, sondern
die sehr feinen falschen Bemerkungen sind es,
die die Läuterung der Wahrheit aufhalten.
Lichtenberg

Kaiser Wilhelm I., der letzte Preuße genannt, ist durch seine ausdauernde Jugendliebe zu Elisa Radziwill, einer polnischen Prinzessin, mehr noch durch die erzwungene Auflösung dieses Bandes in der Entwicklung seiner Persönlichkeit stark bestimmt worden. Das hat er bis ins hohe Alter bekannt, das bestätigen die Zeitgenossen. Als erster lenkte Heinrich von Treitschke in seiner »Deutschen Geschichte im 19. Jahrhundert« die Aufmerksamkeit auf diese preußische Romanze. In unserem Jahrhundert wurden dann unzählige Briefe über diesen Gegenstand aus den Familienarchiven gehoben, und seither kann man dem Wechselspiel zwischen Hohenzollern und Radziwills ziemlich genau nachgehen. Die Briefsammlungen sind in Auswahl veröffentlicht und nicht selten aus Quellen erläutert worden, die wie die Tagebücher Varnhagens von Ense oder die Aufzeichnungen der Gräfin Bernstorff öfter Vermutungen für Begebenheiten setzen.

Die Zahl der Prinzen und Prinzessinnen, die in ihrem Briefaustausch am Auf und Ab der Liebe zwischen Wilhelm und Elisa teilnimmt, ist beträchtlich. Als ein fast nicht zu entwirrendes Knäuel erweisen sich die schwankenden Gutachten über die Ebenbürtigkeit der Radziwills, kaum verständlich werden auch die halbherzigen Bemühungen, einer Ehe der Brautleute durch Adoption Elisas den Weg zu ebnen.

Schwerer aber wiegen die Befangenheit bei den Herausgebern der Briefe und die Parteinahme des bisher einzigen Verfassers, der die Jugendliebe des alten Kaisers in größerem Zusammenhang dargestellt hat: Kurt Jagow »Wilhelm und Elisa« (1930). Jagow waren als Hofhistoriograph Wilhelms II. die Hände gebunden. Eine eingewurzelte, meist unbesehene Verehrung des preußischen Königshauses ließ ihm die Entsagung des Prinzen Wilhelm in strahlendem Licht erscheinen. Die von größerer Tragik beschwerte Verlassenheit der Prinzessin Elisa betrachtete er als etwas unabänderlich Gegebenes. Der Schuldfrage wurde ausgewichen.

Das Dickicht mancher einander widersprechender Einzelheiten und von Vorurteilen belasteter Bewertungen aufzuhellen sowie die menschliche Beziehung der beiden Liebenden in ihrer Poesie deutlich zu machen, hat sich die vorliegende Arbeit zum Ziel gesetzt.

Dabei ergaben sich Erkenntnisse, die sich nur aus dem Charakter der Zeit des Geschehens erklären lassen. Viele Lebensgrundlagen des Biedermeiers stehen den unseren durchaus entgegen. Damals bestanden noch Großfamilien von einem unerschütterbaren inneren Zusammenklang, von einer Anhänglichkeit ihrer Glieder untereinander, die von einem Gefühl höherer Verkettung geleitet war. Damals herrschte eine allgemeine tief fromme Gottergebenheit, zügelte der Gehorsam die Jüngeren, bekundete sich ein Überschwang in Seelenfreundschaften, ausgedrückt durch eine Briefkultur, die heute weithin geschwunden ist. Für uns Nachfahren bleibt es schwer einzusehen, wie sich alle Regentenkunst auf das eine Ziel versammeln konnte, der Dynastie durch eheliche Verbindungen – und sei es um den Preis menschenverachtender Intrigen – Bestand und Rang zu erhalten, ja diese möglichst zu vermehren.

Der Nationalstaatsgedanke war noch nicht zum vollen Durchbruch gelangt, noch lebte die preußische und die polnische Oberschicht in scheinbar friedlichem Einvernehmen zusammen. Gegen die Teilung Polens kam es erst 1830 mit der polnischen Revolution zu breiterem Widerstand. Den Hang Elisas und ihrer Familie zum polnischen Patriotismus haben fast alle Veröffentlichungen in den Hintergrund gedrängt, wenn nicht verschwiegen. Demgegenüber gelangt dieser Versuch zum Ergebnis, daß im Vater des Prinzen Wilhelm, in König Friedrich Wilhelm III., eine verhohlene Abneigung gegen die polnischen Intentionen der Radziwills den Ausschlag gegeben hat für ein anfängliches Hinauszögern und die spätere Verweigerung einer Ehe seines Sohnes mit der polnischen Prinzessin.

Kaiser Wilhelm I., der sich als dreißigjähriger Prinz dem Vaterwillen beugte, hat der zerstörten Jugendliebe bis in sein letztes Lebensjahr nachgetrauert. Die in so übermächtigen Verstrickungen erstickte Liebe ein halbes Jahrhundert nach Jagows Sondierungen aus neu gewonnenen Einsichten vorzustellen, ist geboten. Über Aufsätze in der Deutschen Rundschau, der Historischen Zeitschrift und in Velhagen & Klasings Monatsheften, die Einzelaspekte behandelten, führt der Literaturhinweis auf Seite 184 hinaus.

Der Verfasser dankt Herrn Klaus Hartung v. Hartungen für die Erlaubnis, aus bisher unveröffentlichten Aufzeichnungen seiner Vorfahren über Ernst Ludwig Heim zitieren zu dürfen.

Die Radziwills

Wenn Vaterland das erste Wort des Polen ist,
so ist Freiheit das zweite.
Heinrich Heine

Ältere Hauschronisten haben die Radziwills bis in die römische Kaiserzeit zurückgeführt, in ihren Sprachspielereien setzten sie Litauen mit Italien gleich, der Reichtum der Familie machte die Lobredner. Tatsächlich verlieren sich die Ursprünge der Radziwills in den litauischen Wäldern. Erst mit der Christianisierung des Landes taucht der Name in der Geschichte auf. 1386 empfing der Sohn des heidnischen Woischund die Taufe als Nikolaus Radziwill und unterzeichnete mit anderen als Radivillus die Urkunde der polnisch-litauischen Union. Ehrgeiz und Erwerbssinn, eine zielstrebige Heiratspolitik und manches Stück Skrupellosigkeit haben der weitverzweigten Familie zu einem Jahrhunderte überdauernden Einfluß auf die polnischen Geschicke verholfen, bis in die Tage Pilsudskis hinein.

Jener erste namhafte Radziwill wurde nach der Überlieferung hundert Jahre alt, sein Sohn, Nikolaus II. (1398–1509), soll ihn darin um weitere elf Jahre übertroffen haben, wurde Woiwode von Wilna und Kanzler des Großfürstentums Litauen; den Enkel erhob Kaiser Maximilian in den Fürstenstand. Einen Durchbruch zur Macht und zu europäischem Ansehen der Familie brachte 1547 die Heirat der schönen litauischen Magnatin Barbara Radziwill mit König Sigismund August von Polen.

Barbaras Bruder, der rote Nikolaus, und ihr Halbbruder, der schwarze Nikolaus, setzten gegen den Willen nahezu des gesamten polnischen Adels die feierliche Inthronisation ihrer Schwester in der Krakauer Kathedrale durch. Kaiser Karl V. verlieh im gleichen Jahr den Brüdern den Titel eines Princeps Sacri Romani Imperii. Der polnische Adel beargwöhnte und befehdete solche Standeserhöhungen durch fremde Herrscher. Die Radziwills haben daher von der Auszeichnung, deutsche Reichsfürsten geworden zu sein, und von ihrem Recht, an den Reichstagen teilnehmen zu können, kaum Gebrauch gemacht. Diese Enthaltsamkeit wurde drei Jahrhunderte später von den Gegnern einer Ebenbürtigkeit Prinzessin Elisas nicht ohne Gewicht ins Feld geführt.

Der schwarze Nikolaus gilt als Begründer der Größe des Hauses. Er verteidigte nicht nur Litauens Autonomie mit Erfolg, er befreite sich selbst aus der Bevormundung durch den Klerus, trat zum Calvinismus über, förderte eine Bibelübersetzung in eigener Druckerei und schrieb eifrig für die Reformation. Sein Sohn Jerzy verfluchte den Vater, ließ dessen Ketzerschriften öffentlich verbrennen und stieg mit achtundzwanzig Jahren zum Kardinal auf. Folgte man den Hauschronisten, wäre schon vierhundert Jahre vor Johannes Paul II. mit Jerzy ein Pole zum Papst gewählt worden, wenn das Konklave die Bedenken gegen Jerzys Jugend überwunden hätte.

Die Linie des roten Nikolaus auf Birże und Dubinki verblieb bis zum Aussterben im calvinischen Glauben und stellte mit bedeutenden Heerführern den Großhetman von Litauen. Die Erben des schwarzen Nikolaus, die wieder katholischen Fürsten von Nieświcż und Klezk, waren die Großkanzler Litauens. Fürst Albrecht Radziwill diente in dieser Eigenschaft drei polnischen Königen. Obwohl sein Beichtvater, ein Jesuit, viel Macht über ihn besaß, schützte Albrecht die calvinische Nebenlinie vor Verlusten durch die Gegenreformation. Wo es den Reichtum der Familie zusammenzuhalten galt, verstummten die Gegensätze im Bekenntnis. Am nachhaltigsten war Albrechts Einfluß auf König Sigismund III. Als polnische Truppen Moskau erobert hatten, widerriet Albrecht, den Sohn Sigismunds zum griechisch-orthodoxen Glauben übertreten zu lassen. So wurde ein fünfzehnjähriger Romanow Zar und begründete die Dynastie, die erst 1917 unter der Oktoberrevolution fiel.

Mit Sigismunds Sohn, dem späteren König Ladislaus, reiste der eiserne Kanzler Albrecht nach dem Moskauer Abenteuer durch halb Europa, wurde vom Kaiser in Wien, von Papst Urban VII. in Rom empfangen, Venedigs Doge gab den Polen zu Ehren eine prunkvolle Gondelregatta. In Köln verliebte sich Ladislaus in die Tochter des rheinischen Kurfürsten, Albrecht aber setzte dessen Heirat mit der Tochter des Kaisers durch. Auch Jan Kasimir, der dritte König, wäre gegen den Willen Albrechts und seiner Gefolgsleute nicht gewählt worden. Das Haus Radziwill vermehrte seinen Einfluß und Besitz mit jeder Königswahl. Die Abhängigkeit des Königs von den Launen der Magnaten und das der polnischen Verfassung eigentümliche Prinzip des »Liberum Veto« – nur Einstimmigkeit im Sejm verschaffte einem Gesetz Geltung – haben die Staatsautorität in Polen über Jahrhunderte gelähmt. »Polonia confusione regitur.«

Das folgende Jahrhundert, das sächsische Kurfürsten auf dem polnischen Thron sah – sie ließen, lieber in Dresden weilend, die Angelegenheiten Polens schleifen –, endete in seinem Ausklang mit der dritten polnischen Teilung. Für 123 Jahre hörte der polnische Staat auf zu bestehen. War auch das 18. Jahrhundert für Polen von wirtschaftlicher Blüte begleitet, der politische Niedergang ließ sich nicht mehr aufhalten. Protzenhafter Reichtum, Größenwahn und sittlicher Verfall griffen auch in der Magnatenfamilie der Radziwills um sich.

Des Fürsten Hieronymus Florians Staatsamt war auf das eines königlichen Bannerträgers geschrumpft. Dafür unterhielt er eine stattliche Privatarmee mit eigener Kriegsschule und einem Kadettenkorps, verfügte nicht nur über Reiterregimenter, sondern auch über eine beträchtliche Artillerie. Seiner Natur nach ein kleiner Nero, weidete er sich an Tierquälereien, schoß auf Wildhüter und ritt auf einem Kamel zur Kirche.

Unter Fürst Michael Kasimir erlangte der Besitz der Radziwills die größte Ausdehnung. Als ihm die Güter der Birżener Linie zufielen, zählte er zwanzig Schlösser, vierhundert Gemeinden und zehntausend Dörfer sein eigen. Seine Gemahlin Urzula Franziska, die Sappho von Nieświcż genannt, schrieb ein Dutzend Tragödien mit jeweils dreißig bis vierzig Aufzügen. Die Darbietung eines solchen Stückes, in dem Hunderte von Akteuren auftraten, zog sich über eine Woche hin.

Fürst Martin I., Majoratsherr auf Klezk, wurde von der Familie für verrückt erklärt und mußte die letzten dreißig

Jahre seines Lebens im Kerker verbringen. Er hatte sich aus Töchtern von Leibeigenen einen Harem zugelegt, widmete sich der Alchimie und studierte das Jiddische und Hebräische. Als er zum mosaischen Glauben überwechselte, aus seinem Hofstaat die Christen verbannte und durch Rabbiner ersetzte sowie dem Hauswappen der drei Trompeten den Davidstern einfügte, holte sich Hieronymus Florian vom König die Vollmacht zu einer Strafexpedition, eine Gelegenheit, seine Husaren und Dragoner zum Siege zu führen.

Unter dem Neffen, Fürst Karol II., wurde auf Nieświcż nur noch gepraßt. Dieser polnische Münchhausen, von dem man sich viele Lügengeschichten erzählte, gab Tausenden Feste, sah seinen Ruhm darin, alle unter den Tisch zu trinken, und fuhr sechsspännig mit Bären vor der Karosse. Sein Bruder Hieronymus Vinzenz vermählte sich mit dem Kleinod aus Regensburg, der goldblonden Prinzessin Sophie von Thurn und Taxis. Die Taxika brannte jedoch mit ihrem Harfenisten nach Ostpreußen durch, ein Ereignis, das den europäischen Höfen reichlich Gesprächsstoff bot, zumal es nicht ohne Folgen blieb. Das Kind starb zwei Tage nach der Geburt, die Taxika wurde eingefangen, und in Regensburg wurde Versöhnung gefeiert. Nun schenkte sie auch dem Hieronymus einen Sohn, der 1813 als Oberst eines von ihm aufgestellten und unterhaltenen Regiments an der Seite Napoleons fiel. Solange Rußland und Preußen zusammenstanden, konnten sich die Polen nur von Frankreich eine Wendung ihres Geschicks erhoffen.

Der letzte Woiwode Wilnas vor dem Erlöschen des polnischen Staates war Michael VI. Radziwill, der Großvater der Prinzessin Elisa. Ihn beherrschte seine Frau, die schöne

Helena. Sie war dem russischen Gesandten, Baron von Stackelberg, den man den ungekrönten König in Warschau nannte, mehr als gewogen. Michael ließ sich durch russische Schenkungen dingen und stimmte im Sejm wortführend der dritten Teilung Polens zu. Vorher hatte er vergeblich versucht, dem preußischen Prinzen Heinrich, dem Bruder Friedrichs des Großen, die Krone Polens anzudienen. Auch sein Sohn Anton versuchte sich später noch aussichtsloser auf gleiche Weise. Diesmal hieß der Kronprätendent der Radziwills Prinz Louis Ferdinand von Preußen. In beiden Fällen erwies sich der russische Vorbehalt als stärker.

Als neuen Hauptsitz der Familie hatte Michael das Schloß Nieborow erworben, berühmt durch das von der schönen Helena in der Nähe angelegte Arkadien. Italienische Architekten hatten zum Erstaunen Europas in einem Riesenvergnügungspark alle Weltwunder nachgebaut. Dort gab es die Sphinx, das römische Colosseum, einen chinesischen Turm, Aquädukte und künstliche Wasserfälle zu bestaunen, alles für einen unentwegten Karneval. Friedrich der Große hat in Arkadien mit der Radziwillowa eine Polonaise getanzt. Eine Beschreibung der Anlagen findet sich in den Tagebüchern des Grafen Athanasius Raczyński.

Die französische Revolution, trotz solch herausforderndem Luxus in Warschau vergleichsweise nur zaghaft nachgeahmt, ließ Michael vorsorglich nach England abreisen. Die schöne Helena entging mit knapper Not dem Gefängnis, weil ihre patriotische Tochter ein Bild des Revolutionshelden Kościuszko unter dem Mieder vorweisen konnte. Michael verstand es, die Rollen in der Familie politisch ausgewogen jeweils nach der Gunst der Stunde zu verteilen. Helena stand in Gnade bei Katharina der Großen von Rußland, Sohn Anton sollte durch eine Ehe mit der Prinzessin Luise von Preußen die Brücke nach Berlin schlagen, und Sohn Michael, General unter Napoleon, führte 1830 die polnische Armee als Oberbefehlshaber gegen Rußland.

Anton wollte 1813 eine polnische Legion aufstellen, gegen Napoleon gerichtet, aber Zar Alexander redete Friedrich Wilhelm III. diesen Vorschlag aus, weil er die Gefahren witterte, die in einem geschlossenen polnischen Verband steckten. Wybickis Hymne für die polnischen Legionäre Napoleons: »Jesze Polska nie zginela« (»Noch ist Polen nicht verloren«), hätte auch auf Antons Kontingent übergreifen können.

Schon 1806 hatte Anton für eine Weichsellegion in Stärke von drei Brigaden – der König hatte zur Aufstellung bereits zweihunderttausend Taler aus britischen Subsidien bewilligt – den Prinzen Joseph Poniatowski als Befehlshaber vorgeschlagen. Er sollte preußischer Generalleutnant werden. Anton war nach Hardenbergs Vorstellungen zum Zivilgouverneur in Südpreußen ausersehen. In einer Denkschrift für den König sparte Anton nicht mit Kritik an der preußischen Verwaltung: »Wer kam also damals nach Südpreußen? Einige Vorgesetzte ausgenommen, der Schaum der übrigen Provinzen, worunter eine Menge hungriger Glücksritter der zweiten Klasse.« Am Schluß der Denkschrift schlägt Radziwill als Mittel, »die Stimmung im ehemaligen Polen für die gute Sache wiederzugewinnen«, eine Generalamnestie der polnischen Insurgenten vor. Der König entsprach diesem Vorschlag nicht.

Im Staatsarchiv Berlin befand sich zwar das Konzept eines Pleinpouvoir pour le prince Joseph Poniatowski, aber dieser winkte ab, er war von Napoleon als Kriegsminister in Warschau eingesetzt worden. Die Abschweifung erhellt, welcher Blamage sich der Vater des Prinzen Wilhelm von Anton Radziwill, dem Vater Elisas, zu versehen hatte. Der in seinen zögernden Entscheidungen so oft Düpierte kann es nicht vergessen haben ...

Doch zunächst zwölf Jahre zurück: Die Heiratsverhandlungen zwischen dem preußischen Hof und Michael, dem Palatin von Wilna, kamen erst 1795 zum Abschluß. Die Fürstin Helena mußte gut Wetter bei Katharina der Großen machen, der König von Preußen forderte lange Zeit von Michael die Enterbung der übrigen Söhne zugunsten des Freiers Anton. Anton erwies sich als folgsamer Sohn seines Vaters, immerhin war seine Braut Luise, eine Schwester des Prinzen Louis Ferdinand, fünf Jahre älter als er. Über die Schlichtheit der Hochzeit in Berlin soll Michael empört gewesen sein und von den preußischen Geizkragen gesprochen haben.

Es fand sich Liebe ein in dieser dritten Verbindung zwischen Hohenzollern und Radziwills. Die erste Beziehung hatte Johann Georg, Kurfürst von Brandenburg (1525–1598) hergestellt, seine Tochter Elisabeth Sophie ehelichte Janusz VI., Fürst Radziwill; den zweiten Bund hatte der Große Kurfürst gestiftet, dessen Bruder sich einer Ludwika Karolina Radziwill verband, Tochter von Boguslav, Generalgouverneur in Preußen.

Geht man die Ahnengalerie der Radziwills durch, stellt Prinz Anton alle Vorgänger an künstlerischer Begabung und geistigem Anspruch in den Schatten. Als Porträtist war er ein Könner, schrieb neben achtenswerten Kompositionen eine oft aufgeführte Musik zum »Faust«, die Goethe sehr beglückt hat. Er kannte sich aus in der Weltliteratur seiner Zeit und versammelte im Hôtel de Radziwill, der späteren Reichskanzlei in der Wilhelmstraße zu Berlin, einen Musenhof, von dessen Glanz einiges auf die nüchterne preußische Hofhaltung abfiel. Hier spielte Chopin, hier gingen Schinkel, Zelter und die Brüder Humboldt ein und aus. Antons Musikalität wirkte in der Singakademie, seine Neigung zur Literatur gesellte ihn der Deutschen Tischgesellschaft. Er lebte dem Ziel, den Adel der Geburt mit der Aristokratie des Geistes zusammenzuführen.

Den Fürsten Anton bestellte Friedrich Wilhelm III. zum Statthalter im Großherzogtum Posen, eine neben dem Amt des preußischen Oberpräsidenten eher repräsentative Pfründe. Im »Königlichen Ruf«, der ein Verfassungsversprechen ersetzen sollte, hieß es: »Mein unter Euch geborener Statthalter wird bei Euch residieren. Er wird Mich mit Euren Wünschen und Bedürfnissen und Euch mit den Absichten Meiner Regierung bekannt machen.« Bismarck nannte später die Hoffnung des Monarchen auf Anerkennung bei den polnischen Untertanen den »Irrtum eines edlen Herzens«. Eine Nebenabsicht des Königs, sich des andauernden Berliner Aufenthalts der Radziwills zu entledigen, ist nicht von der Hand zu weisen. Die im täglichen Umgang immer wieder vorgetragenen polnischen Wünsche Antons fielen dem Herrscher lästig.

1817 ließen sich die Radziwills vom Ehemann einer Kusine Antons, dem Grafen Athanasius Raczyński, einspannen. Er suchte vom König ein Majorat zu erhalten gegen Verpfändung des Erbes an die königliche Familie. Die polnische

Verwandtschaft drängte abermals vor. Athanasius wartete umsonst auf eine Entscheidung, wurde aber in den dreißiger Jahren preußischer Gesandter in Kopenhagen.

Das Vertrauen Friedrich Wilhelms III. zu Fürst Anton hatte schon früh gelitten. Gleich nach seinem Regierungsantritt ließ der König Antons Domizil wegen des Verdachts polnischer Umtriebe – es ging um die erwähnte Wiedererrichtung Polens unter Prinz Louis Ferdinand als König – polizeilich durchsuchen. Fürst und Prinz waren sich beim gemeinsamen Musizieren nahe gekommen. Über die Prätendentschaft war zwischen den Freunden nur gesprochen worden. Es fand sich nichts, was Anton ernstlich belastet hätte. Der König mußte sich entschuldigen, was ihm schwer gefallen sein wird. Ein Stachel blieb sicherlich zurück. Bei aller Loyalität Antons dem König gegenüber läßt sich nicht verkennen, daß er und mit ihm seine Gemahlin, die preußische Prinzessin Luise, im Herzen der Sache Polens, wie immer sie im jeweiligen Augenblick stand, zugetan blieb.

Dem König waren die Umtriebe polnischer Studenten und das Auftreten emigrierter polnischer Intellektueller und Künstler in Berlin nicht geheuer; die später in ganz Deutschland aufflammende Polenbegeisterung wurde ihm zum Greuel. Der Freiherr vom Stein hatte vor dem Frieden von Tilsit Vorschläge für ein besseres Verhältnis Preußens zu Polen unterbreitet: »Die Teilung von Polen zeigt das traurige Bild einer durch fremde Gewalt unterjochten Nation. Die polnische Nation ist stolz auf ihre Nationalität, sie trauert, sie, ihre Sprache, ihren Namen erlöschen zu sehen, und feindet den Staat an, der ihr dieses Leid zufügt. Sie würde zufrieden gestellt werden, sie würde diesem Staat anhängen, wenn man ihr eine Verfassung gäbe, bei der ihr Nationalstolz beruhigt und ihr der Besitz der Individualität gesichert wird.« Für solche Einsichten besaß der König kein Ohr.

Glanztage erlebte der elegante und in der Diplomatie bewanderte Fürst Anton auf dem Wiener Kongreß. Auch ihm fehlte es nicht an der Radziwillschen Geschäftstüchtigkeit. Er bewog den Zaren, ihm das frei gewordene Majorat Nieświecz zuzusprechen, das rechtmäßig an den Vater Michael hätte fallen müssen, der es Antons älterem Bruder hätte vererben können. Politisch richtete er nichts aus. In der Schlußakte des Kongresses hieß es unverbindlich: »Die Polen werden als Untertanen der jeweiligen hohen vertragsschließenden Parteien Institutionen erhalten, welche die Regierungen, zu denen sie gehören, für nützlich und angebracht halten, ihnen zu gewähren.«

Antons Ehe mit Luise war glücklich. Luise, beherzt und tatkräftig, daneben über dem Durchschnitt geistig und künstlerisch begabt, liebte die großzügige Lebensart ihres Mannes und gab eine vortreffliche Mutter ihrer acht Kinder sowie der noch zusätzlich aufgenommenen beiden Pflegekinder ab. Elisa, 1803 geboren, war das vierte Kind.

Antons ältester Sohn Wilhelm, gleichaltrig mit dem späteren Kaiser Wilhelm I., wurde Chef des Ingenieurkorps der preußischen Armee. Dessen Sohn Anton fungierte als Generaladjutant der beiden ersten deutschen Kaiser, der Enkel Stanislaw gehörte zum Gefolge Marschall Pilsudskis. Boguslav, ein jüngerer Bruder Elisas, vertrat die Polen im Preußischen Herrenhaus, sein Sohn Ferdinand führte die polnische Fraktion im Deutschen Reichstag und gehörte nach 1918 dem Sejm an. Der Enkel Stanislaw schließlich

Prinzessin Elisa Radziwill

heiratete die Schwester von Jacqueline Kennedy; ihr Mann, der Präsident der Vereinigten Staaten, wurde Taufpate der kleinen Prinzessin Anusja. Mit diesem Ereignis kehrte die Familie zum bisher letzten Mal in die Schlagzeilen der Presse zurück, wenn man von der späteren, kaum noch vermerkten Scheidung Stanislaws absieht.

Die Hohenzollern

Deutlicher als irgendein Staat ist der preußische das Geschöpf seiner Fürsten.
Erich Marcks

»Von Gottes Händen ist mir die Krone zugefallen, und wenn ich mir dieselbe von Seinem geweihten Tische auf das Haupt setzen werde, so ist es Sein Segen, der sie mir erhalten wolle. Sie zu verteidigen ist die Armee berufen, und Preußens Könige haben die Treue derselben noch nie wanken sehen.« Diese Worte richtete Prinz Wilhelm am Tage vor seiner Krönung an eine Heeresabordnung unter Feldmarschall Wrangel. Am 18. Oktober 1861 zog der Krönungszug in die Schloßkirche Königsbergs ein, die Krone wurde von General Fürst Wilhelm Radziwill, einem Bruder der verewigten Prinzessin Elisa, vorangetragen. Der König ließ sich den Krönungsmantel umlegen, schritt zum Altar, ergriff ein wenig zögernd die Krone und setzte sie sich, nachdem er Kraft geschöpft hatte aus dem Anblick der Dornenkrone des Gekreuzigten über ihm, mit beiden Händen fest auf das Haupt. Es war die erste Königskrönung in Preußen nach 160 Jahren. In der Zwischenzeit hatten die Stände dem jeweils neuen König gehuldigt. Der Landtag aber, der die Stände abgelöst hatte, stand in gespanntem Verhältnis zum Regenten. Um möglichen Mißtönen aus dem Weg zu gehen, entschied sich Prinz Wilhelm für die Selbstkrönung.

1701 hatte sich der Kurfürst von Brandenburg an der gleichen Stätte durch die Würde eines Königs in Preußen erhöht. Dieser zierliche Sohn des Großen Kurfürsten hatte sich auf die Kunst verstanden, den Schaum des Lebens zu schlürfen. Seine vordergründige Prachtliebe hat vergessen lassen, daß es dieser erste preußische König war, der Durchgreifendes für das Heer geschaffen hat: die persönliche Ernennung sämtlicher Offiziere, die Trennung der Waffengattungen und die Einführung einer Uniform – Maßnahmen, auf denen sein Sohn, der Soldatenkönig, durch Zucht und Drill aufbauen konnte.

So unterschiedlich die preußischen Könige dem Charakter nach waren – konservative und liberalere alternierten –, Erhaltung und Ausbau der Armee stand für fast alle im Mittelpunkt des Handelns. Zu den konservativen zählen Friedrich Wilhelm I. und Friedrich Wilhelm III.; zu den liberaleren Friedrich I., Friedrich II., Friedrich Wilhelm IV. und Kaiser Friedrich III. Ihr Vorläufer, der Große Kurfürst, hatte in Brandenburg das erste stehende Heer geschaffen und sich im Vertrag von Wehlau (1657) durch Polen seine Souveränität im Herzogtum Preußen verbürgen lassen.

Sparta und Athen, Vorherrschaft des Soldatischen und geistige Blüte, wechseln sich in Preußen ab. Für Friedrich I. stehen Leibniz und Andreas Schlüter, für den Soldatenkönig nur die Langen Kerls. In Friedrich dem Großen vereinigen sich beide Elemente, Kriegsruhm und ein hoher Sinn für Kunst und Wissenschaft. Er maß sich nicht allein an Schlachten, er hatte Voltaire nach Potsdam geholt, umgab sich mit Bouchers, Pesnes und Watteaus, ließ Knobelsdorff bauen und verehrte Bach. Seine Ehe mit der ungeliebten Elisabeth Christine blieb kinderlos, der auf dem Rückzug von Kolin in Ungnade gefallene Bruder und Thronfolger, August Wilhelm, starb vor der Zeit, dessen nichtsnutziger Sohn, Friedrich Wilhelm II., sollte das Erbe antreten.

Der König hinterließ seinem Neffen einen geordneten Staat, ein schlagfertiges Heer und gesunde Finanzen, gleichwohl blickte er schwarz in die Zukunft Preußens: »Es wird ein lustiges Leben bei Hofe werden. Mein Neffe wird den Schatz verschwenden, die Armee ausarten lassen. Die Weiber werden regieren, der Staat wird zugrunde gehen.«

Die elf Regierungsjahre Friedrich Wilhelms II. haben nicht ausgereicht, um den Staat, wie es der Oheim befürchtet hatte, zugrunde zu richten. Man hatte gehofft, der junge König werde sich dem Rat seines früheren Vormunds, des Prinzen Heinrich, nicht verschließen. Prinz Heinrich, im Felde nie geschlagen, ein Mann von politischer Weitsicht wie wenige und hochangesehen in Europa und Nordamerika, mußte seine Begabung in Denkschriften an drei preußische Könige erschöpfen. Gehört wurde auf ihn selten. Friedrich Wilhelm II. verweigerte ihm den Rang eines Generalinspekteurs der Armee.

Bei der zweiten Teilung Polens wurde Preußen nach Westpreußen auch noch Danzig, Thorn und Posen zugeschlagen. Die dritte Teilung brachte Masuren, Warschau und Neuschlesien ein. Dieser problematische Landgewinn wurde überschattet durch das preußische Versagen bei der Kanonade von Valmy. Wilhelm II., der letzte deutsche Kaiser, der alle seine Vorfahren in den Himmel hob, sagte von Friedrich Wilhelm II.: »Das Erbe verkam unter seinen Händen.«

Die Berliner nannten ihn den dicken Lüderjan. Zwei Ehen, zwei morganatische Heiraten und die Liebe zur Trompetertochter Wilhelmine Enke schenkten ihm ein Dutzend Kinder, den nicht verzeichneten Nachwuchs ungerechnet. Wilhelmine Enke wurde von Friedrich dem Großen zur Scheinehe mit dem Kammerdiener Rietz verurteilt, der Neffe erhob sie zur Gräfin Lichtenau und annullierte die Ehe mit Rietz. Damit hatte auch Preußen seine Pompadour! Rietz hielt sich schadlos durch hoch bezahlte Verleihung von Adelsbriefen, dreiundzwanzig noch heute im Gotha aufgeführte Grafengeschlechter gehen auf ihn zurück.

Der Lüderjan, der sich am liebsten im Bürgerrock bei Ballettproben und in Kaffeehäusern umtat, folgte in der Heiratspolitik gleichwohl streng dynastischen Grundsätzen. Zu den neu erworbenen polnischen Untertanen hoffte er eine Brücke zu schlagen, indem er seine Kusine, die Prinzessin Luise von Preußen, dem angesehenen polnischen Prinzen Anton Radziwill, gleich ihm ein ausübender Liebhaber des Cellos, verband. Für beider Kind, die Prinzessin Elisa, sollte es in der Frage der Ebenbürtigkeit entscheidend werden, daß der König ihrer Mutter den Fackeltanz, einen Vorantritt der Minister bei dem Hochzeitseinzug, überraschend verweigert hatte, weil das Haus Radziwill mit der Teilung Polens die fürstliche Souveränität eingebüßt hätte. Wenn das Ehepaar in Berlin weilte, nannte die Hofchronik an erster Stelle Ihre Königliche Hoheit, Prinzessin Luise von Preußen. Seine Durchlaucht, der spätere Fürst Anton Radziwill rangierte nach ihr.

Die eine Luise verpflanzte der König nach Polen, eine andere Luise, die Napoleon in Tilsit entgegentreten wird, holte er nach Berlin. In Frankfurt war Friedrich Wilhelm II.

den beiden mecklenburgischen Prinzessinnen Luise und Friederike begegnet. Sie lebten bei ihrer Großmutter in Darmstadt. Schadow hat die Anmut der Schwestern in Marmor festgehalten. Der König schrieb nach Berlin: »Wie ich die beiden Engel zum erstenmal sah, es war am Eingang der Komödie, so war ich so frappiert von ihrer Schönheit, daß ich ganz außer mir war, als die Großmutter sie mir präsentierte. Ich wünschte sehr, daß sie meine Söhne sehen möchten und sich in sie verlieben.«

Das geschah, was den Thronfolger betraf, schon am nächsten Abend auf einem Ball. Prinz Fritz trug Luise, nach eigener Bekundung mit Stottern, seinen Antrag vor, ein Kuß besiegelte den feierlichen Augenblick. Sein Bruder Louis mußte sich zur Schwester Friederike, einem flatterhaften Wesen, erst durchringen. Weihnachten 1793 fand die Trauung des Kronprinzenpaars im Weißen Saal des Schlosses statt, zwei Tage später folgte die Hochzeit des Prinzen Ludwig mit Friederike, die allerdings eine unglückliche Ehe einleitete. Achtzehn Staatsminister mußten sich zweimal den Mühen des Fackeltanzes unterziehen; viel Wachs tropfte dabei auf ihre Manschetten! Der Lüderjan fand den bei Hof bisher nicht gelittenen Walzer der Brautpaare hinreißend, die Königin nannte die Berührung der Tanzenden unschicklich und wandte sich ab.

1797 endete Friedrich Wilhelm II. in einem qualvollen Todeskampf, eine Strafe, wie die Leute sagten, für seinen unpreußischen Lebenswandel. Der seine Heiraten zur linken Hand von Hofpredigern hatte einsegnen lassen, wurde ohne geistlichen Beistand bestattet. Sein Sohn, Friedrich Wilhelm III., ließ als erste Maßnahme seiner Regierung die Gräfin Lichtenau verhaften und ihr Eigentum beschlagnah-

König Friedrich Wilhelm III.

men. Sein Lebtag hat er nie wieder so viel Entschiedenheit aufgebracht. Als eine Kommission die Verhaßte entlastete, setzte er ihr eine Pension aus und gab ihr später das Gut Lichtenau zurück.

Die Besen des neuen Königs kehrten anfangs gut. Wiedererweckung des friderizianischen Geistes hieß seine Parole. Selbst karg erzogen und wider seinen Willen vom Vater gezwungen, das Polnische zu erlernen, weil inzwischen fast jeder dritte preußische Untertan zu den Polen zählte, war der Kronprinz fernab von den Eltern oft hungrig vom Tische aufgestanden. Bestimmender Eindruck wurde ihm die Teilnahme am Koalitionskrieg gegen das französische Revolutionsheer und an der Niederwerfung des polnischen Insurgentenaufstands. Daß gegen Kościuszkos Freischärler die Belagerung Warschaus aufgegeben wurde – Friedrich Wilhelm war über die ihn beschämende Rolle eines untätigen Zuschauers nicht hinausgelangt –, zehrte an seiner Selbstachtung als ein polnisches »Valmy«.

Menschenscheu und unentschlossenes Zaudern waren typisch für den neuen König. Seinen Vater hatte er verabscheut, den Großoheim, Friedrich II., vergöttert. Mirabeau urteilt über ihn, er besitze einen schönen Charakter, wenn auch unangenehme Formen, er sei linkisch und höflich, aber er sei wahr. Er zog den Gamaschendienst des Exerzierplatzes den Staatsgeschäften vor. In der Politik hielt er fest an selbstgesetzten Grundpfeilern: unerschütterliche Gefolgschaft zum russischen Zaren, abgewogene Loyalität gegenüber dem Kaiser in Wien und Mißtrauen bis zur Furcht gegen alle demokratischen Strömungen. »Immer 'n bißken zurück, zu des alte Untertanenjlück«, sangen die Berliner. Er ließ alles an sich herankommen und zimperte hin und her, wohl ahnte er das Notwendige, aber er ergriff es nicht.

Königin Luise wußte sich seinen Eigenheiten anzupassen, wie sehr sie auch allem Engen fern war. Die Geschichte hat ihr Bild als Heldin geprägt, was frühestens seit dem Jahre 1806, als Preußen nach der Schlacht von Jena und Auerstedt zusammenbrach, Geltung beanspruchen kann. »Ich beweine den Untergang der Armee und ihres Ruhms, sie hat den Erwartungen des Königs nicht entsprochen«, lautete die erste Regung Luises, die als Wendepunkt in ihrem Leben angesehen wird, auch wenn ein Patriotismus gegen Napoleon schon vorher in ihr erwacht war. In den vier weiteren, ihr

Königin Luise

noch verbleibenden Jahren ließ sie sich vom vaterländischen Pathos Schillers durchdringen, das schon 1805, als sie den König zum Krieg drängte, in ihr aufgeklungen war.

Die junge Luise haben wir uns auch als Ehefrau verwöhnt, naschhaft und quecksilbrig vorzustellen. Sie liebte Putz und Tand, ging leichtgewandet und tanzte die Nächte und Schuhe durch, eine Ballkönigin. Die ständige Schwellung ihres Halses verdeckte sie mit einer Schleife. Daraus wurde eine allgemeine Mode. Der König sah ihrem Treiben etwas beklommen zu; er nannte sie »Fräulein Husch«. Die Oberhofmeisterin entrüstete sich öfter, aber der Hof wußte, Luise spendete die Wärme, die Friedrich Wilhelms Nüchternheit abging.

Der glücklichen Ehe entsprossen acht Kinder. Der Thronfolger, der spätere Friedrich Wilhelm IV., bald der »Butt« genannt, wurde 1795 geboren, ihm folgte 1797 Prinz Wilhelm, der Bräutigam Elisas und nachmalige erste deutsche Kaiser. Ihn rief die Familie »Wimpus«. Als dritter Sohn ist Prinz Karl zu nennen. Die Brüder Wilhelm und Karl freiten um die Prinzessinnen Augusta und Maria aus dem Hause Sachsen-Weimar-Eisenach, nachdem Elisa Wilhelm versagt wurde. Und Wilhelms Zögern drohte Karls Glück zu gefährden. Aufzuführen ist auch die Tochter Charlotte, eine Gespielin Elisas. Sie wurde Gemahlin Zar Nikolaus' I. von Rußland.

Zur Geburt von Wimpus hieß es in der königlich privilegierten Berlinischen Zeitung: »Gestern Nachmittag, zwischen 1 und 2 Uhr, ward die Gemahlin des Kronprinzen, Königl. Hoheit, zur Freude des Königl. Hauses und des ganzen Landes von einem Prinzen glücklich entbunden. Einige Stunden nachher ward dieses frohe Ereignis durch das dreimalige Abfeuern von 24 im Lustgarten aufgefahrenen Kanonen der Hauptstadt bekannt gemacht und rief jeden ihrer Einwohner zu herzlichen Wünschen für die erhabene Prinzessin und den neuen Zweig des Königl. Hauses, unter dessen Zepter wir glücklich sind.« Der Lüderjan hielt seinen Enkel im Kronprinzenpalais über die Taufe und schenkte der Kronprinzessin Luise die Juwelen der Witwe Friedrichs des Großen.

Luise war den Kindern eine gute Mutter. Die Gottes- und Menschenliebe, die sie ihnen einprägte, kam aus aufrichtigem Herzen, ihre Seele begann sich zu regen und drängte ihre anfängliche Oberflächlichkeit zurück. Zum Ärger des Königs, der deutsche »Modeliteratoren« verachtete, las sie viel Klopstock und alles von Jean Paul, auch befaßte sie sich ernsthaft mit Herder. Über den kleinen Wimpus äußerte sie: »Wilhelm ist ein sehr kluges, komisches Kind, possierlich und witzig.« Später sagte sie von ihm: »Wilhelm ist, wenn mich nicht alles trügt, wie sein Vater, einfach, bieder und verständig. Auch in seinem Äußeren hat er die meiste Ähnlichkeit mit ihm, nur wird er, glaube ich, nicht so schön.« Hierin täuschte sie ihre Gattenliebe; Prinz Wilhelm sollte seinen Vater in der Erscheinung und an männlicher Eleganz weit übertreffen.

Wilhelm, wegen seiner zarten Veranlagung anfangs ein »Angstkind«, geriet in der Tat nach dem Vater, was schlichte soldatische Art, Bescheidenheit und Mäßigung betraf. Das mütterliche Erbteil gesellte eine helle Frische hinzu, die vom Vater abstach. Sein älterer Bruder, der Butt, galt bei den Kinderspielen als herrisch und rechthaberisch. Sicher war Friedrich Wilhelm mit mehr Phantasie bedacht, neigte zu Schwärmerei und zu Ausbrüchen von großer Heftigkeit.

Die Brüder wurden gemeinsam von Delbrück erzogen, einem Philanthropen, der zur Nachgiebigkeit tendierte. Das Gleichgewicht stellte die militärische Ausbildung durch Major v. Pirch her. Weihnachten 1803 verlieh der König dem sechsjährigen Prinzen Wilhelm die erste Uniform, einen Husarendolman. Wimpus liebte den bunten Rock und war bemüht, seinem königlichen Vater zu gefallen. Im ganzen haben über seiner ersten Kindheit lichte

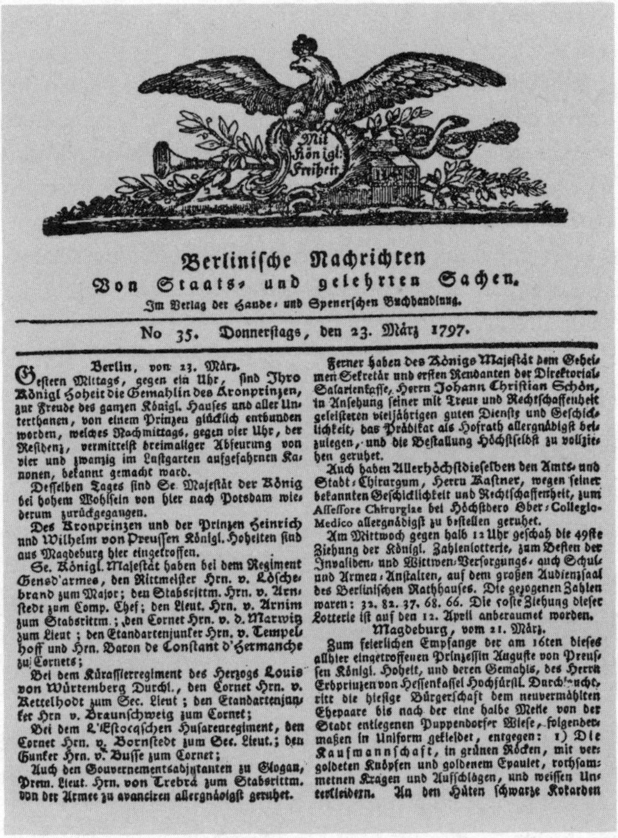

Mit Königl. Freiheit.

Berlinische Nachrichten
Von Staats- und gelehrten Sachen.

Im Verlag der Haude- und Spenerschen Buchhandlung.

No 35. Donnerstags, den 23. März 1797.

Berlin, vom 23. März.

Gestern Mittags, gegen ein Uhr, sind Ihro Königl. Hoheit die Gemahlin des Kronprinzen, zur Freude des ganzen Königl. Hauses und aller Unterthanen, von einem Prinzen glücklich entbunden worden, welches Nachmittags, gegen vier Uhr, der Residenz, vermittelst dreimaliger Abfeurung von vier und zwanzig im Lustgarten aufgefahrnen Kanonen, bekannt gemacht ward.

Desselben Tages sind Se. Majestät der König bei hohem Wohlsein von hier nach Potsdam wiederum zurückgegangen.

Des Kronprinzen und der Prinzen Heinrich und Wilhelm von Preussen Königl. Hoheiten sind aus Magdeburg hier eingetroffen.

Se. Königl. Majestät haben bei dem Regiment Gensd'armes, den Rittmeister Hrn. v. Lösche-brand zum Major; den Stabsrittm. Hrn. v. Arnstedt zum Comp. Chef; den Lieut. Hrn. v. Arnim zum Stabsrittm.; den Cornet Hrn. v. d. Marwitz zum Lieut; den Standartenjunker Hrn. v. Tempelhoff und Hrn. Baron de Constant d'Hermanche zu Cornets;

Bei dem Kürassierregiment des Herzogs Louis von Würtemberg Durchl., den Cornet Hrn. v. Kettelhodt zum Sec. Lieut; den Standartenjunker Hrn v. Braunschweig zum Cornet;

Bei dem L'Estocqschen Husarenregiment, den Cornet Hrn. v. Bornstedt zum Sec. Lieut.; den Junker Hrn. v. Busse zum Cornet;

Auch den Gouvernementsadjutanten zu Glogau, Prem. Lieut. Hrn. von Trebra zum Stabsrittm. von der Armee zu avanciren allergnädigst geruhet.

Ferner haben des Königs Majestät dem Geheimen Sekretär und ersten Rendanten der Direktorial-Salarienkasse, Herrn Johann Christian Schön, in Ansehung seiner mit Treue und Rechtschaffenheit geleisteten vieljährigen guten Dienste und Geschicklichkeit, das Prädikat als Hofrath allergnädigst beizulegen, und die Bestallung Höchstselbst zu vollziehen geruhet.

Auch haben Allerhöchstdieselben den Amts- und Stadt-Chirurgum, Herrn Kastner, wegen seiner bekannten Geschicklichkeit und Rechtschaffenheit, zum Assessore Chirurgiae bei Höchstdero Ober-Collegio-Medico allergnädigst zu bestellen geruhet.

Am Mittwoch gegen halb 12 Uhr geschah die 49ste Ziehung der Königl. Zahlenlotterie, zum Besten der Invaliden- und Wittwen-Versorgungs- auch Schul- und Armen-Anstalten, auf dem großen Audienzsaal des Berlinischen Rathhauses. Die gezogenen Zahlen waren: 32. 82. 37. 68. 66. Die 50ste Ziehung dieser Lotterie ist auf den 12. April anberaumet worden.

Magdeburg, vom 21. März.

Zum feierlichen Empfange der am 16ten dieses allhier eingetroffenen Prinzessin Auguste von Preussen Königl. Hoheit, und deren Gemahls, des Herrn Erbprinzen von Hessenkassel Hochfürstl. Durchlaucht, ritt die hiesige Bürgerschaft dem neuvermählten Ehepaare bis nach der eine halbe Meile von der Stadt entlegenen Puppendorfer Wiese, folgendermaßen in Uniform gekleidet, entgegen: 1) Die Kaufmannschaft, in grünen Röcken, mit vergoldeten Knöpfen und goldenem Epaulet, rothsammetnen Kragen und Aufschlägen, und weissen Unterkleidern. An den Hüten schwarze Kokarden

Geburtsanzeige des Prinzen Wilhelm

Sterne gestanden, Ruhe und Frieden waren in ihrem Geleit.

Glückliche Wochen verlebte die Familie in Paretz, wo man vom König als vom »Schulzen« sprach. Oranienburg war Friedrich Wilhelm III. viel zu weitläufig und prachtrauschend gewesen. »Nur immer denken, daß Sie für einen armen Gutsherrn bauen«, sagte er als Kronprinz zum Baumeister Gilly, der ihm einen Parterrebau mit aufgesetztem niedrigem Stock errichtete. Der Reiz von Paretz lag in der landschaftlichen Idylle an der Havel mit Wiesen und Seen, Pavillons und einem Fasanenwäldchen, ein Schloß »Still im Land«, wie die Leute sagten.

Aus Paretz schreibt Luise an ihr »Kleeblatt«, die drei ältesten Kinder, Fritz, Wilhelm und Charlotte: »Heute Mittag essen wir ein Gericht Mohrrüben, das Ihr gepflanzt und gezogen habt. Das wird schmecken! Papa und Mama erlauben Euch, da Ihr Euch gut und folgsam aufgeführt habt, Sonntag zum Erntekranz hierher nach Paretz zu kommen, um die Freude der Bauern zu sehen.«

Dieses Erntefest war für Hof und Dorf stets der Höhepunkt des Jahres. In Fontanes »Havelland« heißt es: »Der königliche Gutsherr trat heraus, hörte die an ihn gerichtete Rede der Großmagd an und schickte die Sprecherin sodann mit der Erntekrone hinein ins Schloß. Nun zeigte sich auch die Königin, und mit dem Erscheinen der ›gnädigen Frau von Paretz‹ begann der Tanz. Das königliche Paar mischte sich in die Reihen der Landleute ... Jeder Besucher hatte Zutritt, König und Königin ließen sich die Fremden vorstellen, äußerten ihre Freude über zahlreichen Zuspruch und baten ›über's Jahr wieder unter den Gästen zu sein‹. Es waren wirkliche Volksfeste ...«

Auf diesem Boden fühlte sich der philiströse Friedrich Wilhelm III. selbstsicher, die Rolle des Vaters der Familie lag ihm ebenso wie die des Vaters der Staatsverwaltung, nicht der Regierung. Als Bürgerkönig, wie er sich verstand, war er die Verkörperung eines vorweggenommenen preußischen Biedermeiers. Preußens Zusammenbruch 1806 traf einen Ratlosen.

Ewig

Der Mensch hat hier dritthalb Minuten,
eine zu lächeln, eine zu seufzen und eine halbe zu lieben,
denn mitten in dieser Minute stirbt er.
Jean Paul

Vorstehende Worte hat Elisa in ein Poesiealbum geschrieben. Sie schweben wie ein Fatum über dem Leben von Ewig, wie Elisa im Freundeskreis genannt wurde. Als der Berliner Hof 1806 vor der französischen Besatzungsmacht, zu der auch der Oberst Michael Radziwill gehörte, nach Memel flüchtete, folgten Prinz Anton, der Bruder Michaels, und die Seinen der preußischen Königsfamilie. Hier wird Elisa zum ersten Male erwähnt. Die Vierjährige singt an der Seite ihres Vaters vorm Hause auf der Straße, vom Prinzen Anton auf der Gitarre begleitet. Ein Jahr darauf, die Residenz war nach Königsberg verlegt, wird von einem fröhlichen Familienleben berichtet. Anton Radziwill war es, der die Gesellschaft durch Austeilen des Plumpsacks und durch das Knacken von Weintraubenhäutchen bei Laune hielt. Königin Luise und Prinzessin Luise Radziwill, die Mutter Elisas, entdeckten ihre Freundschaft füreinander, beider Kinder spielten zusammen. Prinz Wilhelm, der spätere Kaiser, wurde dem gleichaltrigen Wilhelm Radziwill, dem zweiten Sohn Antons, ein guter Kamerad.

Elisa

Elisa schildert man als wild und unbändig, sie soll Brandwunden davongetragen haben, als ihre Halskrause Feuer fing. Wie verwandelt aber kehrte sie in sich, als ihre ältere Schwester, gleichfalls ein Ausbund von Tollerei, im Alter von neun Jahren schweren Verbrennungen erlag. Diese zweite Tochter Antons hatte einen Kammerdiener umgerannt, der die Teemaschine mit kochendem Wasser herbeitrug. Von da ab beschreibt man Elisa – je nach Einstellung der Beobachter – als stilles Wesen, voller Innigkeit und Zartsinn, doch auch geladen mit verborgener Zielstrebigkeit.

Der Gräfin Bernstorff, einer Nachbarin in Berlin, danken wir eine glaubhafte Aufzeichnung über das Familienleben der Radziwills: »Die Kinder waren alle gut, liebenswürdig und besonders wohlerzogen, auch teilte die Mutter ihren Einfluß auf sie weder mit einem Erzieher noch mit einer Gouvernante. Der Unterricht bei den verschiedenen Lehrern ward meistens in den entgegengesetzten Ecken eines Saales gegeben, in dessen Mitte die Prinzeß selbst, oft auch der Prinz beschäftigt waren; er mit Zeichnen, Malen oder Musiksetzen, die Prinzeß am häufigsten mit Schreiben. Zu den Spazierfahrten hatten sie einen eigenen großen Familienwagen, der alle ihre Kinder und die zwei Pflegekinder aufnahm.«

Diese Pflegekinder waren aus dem Verhältnis des bei Saalfeld gefallenen Prinzen Louis Ferdinand mit der Henriette Fromm hervorgegangen, hatten die Namen Blanche und Louis v. Wildenbruch (Vater des Hofdramatikers Wilhelms II.) erhalten und wurden von ihrer Tante wie die eigenen Kinder aufgezogen. Elisas Verhältnis zu den Wildenbruchs war so liebevoll wie zu ihren Geschwistern, ja Blanche blieb auch als spätere Frau v. Roeder ihre Herzensfreundin.

Thekla v. Schobert, Tochter des Leibarztes der Radziwills, berichtet von der religiösen Erziehung im Hause: »Den Religionsunterricht gab sie (Luise Radziwill) ihren Töchtern selbst, jeden Morgen in einer Andachtsstunde. Die Söhne konnten daran nicht teilnehmen, denn Prinzeß Luise war als Hohenzollerin streng evangelisch, und ihre Söhne gehörten der katholischen Kirche an, wie ihr Vater, Fürst Anton. Die verschiedenen kirchlichen Richtungen störten den Frieden in der Familie nicht. Die Fürstin betrachtete das Evangelium als Grundstein, auf welchem menschliche Anschauungen Kirchen in verschiedenen Formen aufgebaut haben.«

In der Tat haben die getrennten Konfessionen im Elternhause Elisas zu keiner Zeit Anlaß für irgendeinen Zwist geboten. Elisas tief religiöse Frömmigkeit wuchs mit der Zahl ihrer Lebensjahre und gab ihr den inneren Halt bei allen auferlegten Prüfungen. Ostern 1820 wurde sie in der königlichen Schloßkapelle konfirmiert, eine Durchbrechung der Hofetikette, denn die Schloßkapelle war zur Einsegnung den Prinzen und Prinzessinnen des Hauses Hohenzollern vorbehalten. Der König, auf den dieser Gnadenerweis zurückging, wohnte selbst der Konfirmation bei und lud am Abend Elisa in seine Opernloge. Es ist nicht auszuschließen, daß der spröde Witwer eine stille Liebe für die siebzehnjährige anmutig schöne polnische Prinzessin empfunden hat. Seine Neigung aber galt dem Kunstwerk der Schöpfung. Verfehlt wäre die Vermutung, im Vater den Rivalen des Sohnes, des Prinzen Wilhelm, zu sehen, oder gar zu unterstellen, Friedrich Wilhelm III. habe seinem Sohn die Ehe mit Elisa verweigert, weil er sie ihm mißgönnt hätte. Solche Falschheit war dem viel zu redlich denkenden König fremd.

Unter den Zeitgenossen gab es nicht eine Stimme, die sich abträglich über Ewig geäußert hätte, im Gegenteil, sie wurde zu einem Idol ihrer Zeit. So hieß es, sie wäre eine der liebenswürdigsten Seelen, die je die Erde betreten, ihre Herzensfeinheit, ihr holdes Wesen und immer wieder ihr Liebreiz wurden gerühmt. Die Erbsünde der Welt berühre sie nicht, man nannte sie einen Engel, den man wie eine Rose mit Rührung betrachtet, und entzückte sich an der

Fülle ihrer schönen langen blonden Locken. Prinz Wilhelm beschrieb sie: »Der fromme Sinn, der edle, gefühlvolle Charakter, die Geistesgaben und die unbeschreibliche Anmut im ganzen äußeren Erscheinen, die nur der Abglanz einer so schönen Seele und eines so herrlichen Gemüts sein können.«

Der Lebensstil im Hause Radziwill bot alle Voraussetzungen, um die begabte Prinzessin zu einer Persönlichkeit zu entfalten. Die Mutter, obwohl nicht ohne Vorbehaltc gegen Goethe, erlaubte Elisa, sich am »Wilhelm Meister« zu bilden. Bei Chopin erhielt sie Klavierunterricht. Der Vater übte ihre Stimme und ließ sie gelegentlich bei Hofe aus seinen Kompositionen vortragen. An ihrem Gesang wurde weniger die Kraft als das Liebliche bewundert, die Wirkung ihres Vortrags ergriff. Auch ihre Porträtzeichnungen wiesen über Dilettantisches hinaus. Elisa besaß einen Blick für das Charakteristische einer Physiognomie, wenn auch die Vollendung des Ausdrucks nicht immer gelang.

Ihre Briefe verraten, wie sich zeigen wird, eine an großer Literatur geschulte Anschaulichkeit, die Sprache ist außer bei spontanen Einfällen diszipliniert. Elisa war eine eher passive Natur. Der natürlichen Frische ihres Wesens stand ein nur schwach ausgebildeter Wille entgegen; zur Heiterkeit brauchte sie den Anstoß aus ihrer Umgebung. War sie allein, wurde im Lauf der Jahre religiöse Demut immer deutlicher zum Hauptzug ihres Wesens.

Elisa hat später einmal gesagt, wenn Prinz Wilhelm nicht angefangen hätte, sie zu lieben, würde sie nie einen Unterschied zwischen ihm und seinen Brüdern gemacht haben. Die preußischen und die Radziwillschen Prinzen und Prinzessinnen wuchsen als nachbarliche Gespielen in Berlin heran, sahen sich fast täglich, und Prinz Wilhelm fand nach dem Tode seiner Mutter im Palais Radziwill das eigentliche Zuhause, nämlich ein glückliches Familienleben. Seine Tante Luise bot ihm das Du an, er verehrte sie lange, bevor ihm die Liebe zur Tochter Elisa bewußt wurde; die Prinzessin Luise war ihm bis zu deren Tode 1836 eine mütterliche Freundin, der er sein Innerstes in einer Kette von Briefen anvertraute. Es entsprach dem Taktverständnis der Zeit, daß Wimpus alles, was er Ewig mitzuteilen wünschte, in die Briefe an ihre Mutter einfließen ließ. Elisa ihrerseits war folgsam im Geist der Zeit. Sie hätte keiner Herzensregung nachgegeben, die nicht den Absichten ihrer Eltern begegnet wäre. Die Angelegenheiten des Gefühlslebens wurden damals eben seltener zwischen den Liebenden, häufiger zuerst in den Familien geprüft und besprochen.

Wimpus

Meine Vorfahren haben erst eine Nation
machen müssen,
denn wir Preußen sind keine geborene,
sondern eine gemachte Nation.
Kaiser Wilhelm I.

Gemacht durch die Armee, wäre hinzuzufügen. Prinz Wilhelm las schon in früher Jugend die historischen Werke Friedrichs des Großen »Geschichte des Hauses Brandenburg«, »Geschichte meiner Zeit« und »Geschichte des Siebenjähriges Krieges« im französischen Original. Hier fand er, was ihn anzog: Soldaten und Schlachten. Seine Jugendbriefe sind angefüllt mit Beobachtungen über Exerzieren und Uniformen. »Um halb elf gingen wir hinunter auf die Parade, weil Papa befohlen hatte, daß wir mit eintreten sollten. Als der Kaiser kam, wurde das Gewehr präsentiert, und der Kaiser ging mit Papa die Front runter«, schrieb der Elfjährige aus Königsberg. 1809 kehrte die königliche Familie nach Berlin zurück, Prinz Wilhelm war beim Einzug eingereiht in das Erste Garderegiment zu Fuß.

Nicht überliefert ist, wie weit die Ereignisse, die zum Frieden von Tilsit führten, auf das kindliche Gemüt des Prinzen eingewirkt haben. Die Rolle der Mutter bei der Begegnung mit Nöppel, so nannte man Napoleon im Fami-

Prinz Wilhelm von Preußen

lienkreis, um dem Ungeheuer den Schrecken zu nehmen, Luises politischer Einfluß wird dem Sohn erst in späteren Jahren bewußt geworden sein. Die Königin war im besten Zuge, dem Empereur Zugeständnisse abzugewinnen, als der ungeduldige König eintrat und den Kaiser aus seiner Verzauberung aufscheuchte. Napoleon hat bekannt: »Der König von Preußen kam zur rechten Zeit! Wäre er nur eine Viertelstunde später gekommen, so hätte ich der Königin alles zugesagt ... Auf Ehre! statt ihr eine Krone zu nehmen, könnte man sich versucht fühlen, ihr eine zu Füßen zu legen.« Der König erwog die Abdankung, Luise richtete ihn auf. Manchmal war auch sie der Verzweiflung nahe. An den

Vater schrieb sie: »Mit uns ist es aus, wenn auch nicht für immer, doch für jetzt. Für mein Leben hoffe ich nichts mehr ... Wir sind eingeschlafen auf den Lorbeeren Friedrichs des Großen.«

Eine Reise nach Petersburg überdeckte mit dem äußeren Glanz der Festlichkeiten nur dürftig die Enttäuschung über den politischen Eigenwillen des von Luise geliebten Zaren Alexander. Auch der jubelnde Einzug in Berlin half nicht darüber hinweg, daß Preußens Souveränität von der Gnade Napoleons abhing. Während der König sich in das neue Los fügte, litt Luise unendlich am Geschick des Landes. Ihre Niedergeschlagenheit schwächte ihre Gesundheit und unterhöhlte ihre Konstitution. Eine Lungenentzündung setzte 1810 ihrem Leben ein Ende. Prinz Wilhelm war mit dem Vater und dem Kronprinzen am Sterbebett in Hohenzieritz zugegen. Im dreizehnjährigen Wimpus festigte sich die Meinung, Napoleons Anschläge hätten die Königin ins Grab gebracht, diesen Usurpator zu bestrafen, wurde ihm zum Vorsatz. Das Bild der geliebten Mutter, wie Rauch es für das Mausoleum geschaffen hat, begleitete ihn durch sein ganzes Leben. Er suchte es in Elisa von neuem zu beleben.

In seiner Verlassenheit bemühte sich Wilhelm, als Soldat durch besonderen Eifer den noch pedantischer gewordenen Vater zu erfreuen. Ein weiterer Erzieher, Hauptmann v. Reiche, unterwies den Prinzen in der Kartographie, in Befestigungslehre und Taktik. Die neue »aufgelöste Ordnung«, die das friderizianische Peloton ablöste, wurde im Felddienst geübt. Das Paradieren blieb. Wilhelm ging darin auf. Mit vierzehn Jahren schrieb er seinem jüngeren Bruder Karl: »Ich zeige Dir hiermit an, daß Du weiße leinewandten Hosen zur Parade mit nach Potsdam nehmen mußt, weil die

Parade wahrscheinlich in weißen Hosen sein wird. Fritz soll Dir seine Schärpe leihen, hat Papa befohlen.«

Wilhelm war in Potsdam zur Stelle, als dem König am Beginn des Jahres 1813 die Konvention von Tauroggen gemeldet wurde. Mit ihr hatte der preußische General Yorck ohne höheren Auftrag sein Hilfskorps dem französischen Oberbefehl entzogen, um es den Russen zuzuführen. Nicht sofort begriff Wilhelm, daß damit die große Wende gegen Nöppel eingeleitet wurde. Für den Vater bedeutete Yorcks Entschluß Aufbegehren und Ungehorsam. »Da möchte einen ja der Schlag treffen. Was ist nun zu tun?« Dabei hatte Yorck nach Kunde vom Untergang der napoleonischen Armee beim König Verhaltensbefehl erbeten. Der Zauderer beschied den Kurier: »Nicht über die Schnur hauen, Napoleon ist ein großes Genie, weiß immer Hülfsmittel zu finden. Nach Umständen handeln.«

Yorck hatte geschrieben: »Ich erwarte nun sehnsuchtsvoll den Ausspruch Ew. Majestät, ob ich gegen den wirklichen Feind vorrücke, oder ob die politischen Verhältnisse erheischen, daß Ew. Majestät mich verurteilen. Beides werde ich mit treuer Hingebung erwarten und ich schwöre Ew. Majestät, daß ich auf dem Sandhaufen ebenso ruhig wie auf dem Schlachtfelde, auf dem ich grau geworden bin, die Kugel erwarten werde.« Erst zwei Monate später wurde der General vom König rehabilitiert. Friedrich Wilhelm zögerte wie immer: »Freiwillige aufrufen, ganz gute Idee, aber keiner kommen.« Wimpus beseelte nur eine Sorge, daß er für die Teilnahme am Feldzug zu jung erachtet und vom Vater geschont werden könnte.

Zum Kapitän befördert, durfte er die Walstatt erst nach der Völkerschlacht von Leipzig besuchen. »Die Schlachtfelder sind zwar von Toten gänzlich gereinigt, indes Pferde, Tschakos, Patronentaschen usw. sieht man noch in großer Anzahl. Leipzig ist eine recht hübsche Stadt, in den Vorstädten sind die Häuser wie besät mit vielen Kugellöchern, mehrere sind ganz verwüstet«, hieß es in einem Brief an den Bruder Karl, und an den Kronprinzen schrieb er: »Ich bin ordentlich neidisch auf Dich, dies alles mitgemacht zu haben und nun zur Armee zu gehen und den grand monsieur mit seinen Scharen zu schlagen. Wütend möchte ich werden, daß ich Dir nicht gleich folgen kann.«

Prinz Wilhelm hat ein sehr präzises Tagebuch geführt. Am Neujahrstag 1814 vermerkte er sachkundig: »Vielleicht hätte man die Schanzen (bei Mannheim) mit weniger Verlust nehmen können, wenn man die Besatzung durch die am rechten Ufer aufgefahrene russische Artillerie so mürbe gemacht hätte, daß an keine Verteidigung mehr zu denken gewesen wäre.« Noch mußte er sich mit dem Etappendasein bescheiden: »Eine Menge Champagner wurde herbeigeschafft und auf Blüchers Wohl getrunken. Die Bouteillen wurden mit dem Degen geköpft.«

Im Gefecht bei Bar-sur-Aube empfing er die Feuertaufe. »Das Kürassierregiment attackierte zuerst mit einem enormen Hurra und warf den Feind hinter die Weinbergsmauern. Diese Attacke machten wir auf dem rechten Flügel des Regiments bis auf 60 Schritt im stärksten Kleingewehrfeuer mit, da ritt aber Thile dem König vor und bat ihn zurückzureiten. Wir jagten ein Eckchen zurück, aber nicht außer dem Schuß, denn nun flogen die kleinen Kugeln uns immer zwischen und unter die Pferde. Dies war ein unbeschreiblich seliger Moment.« Der Vater zeichnete den Prinzen für einen Adjutantenritt mit dem von Schinkel entworfenen Eisernen

Kreuz aus, der Zar verlieh ihm den St.-Georgs-Orden. Beim Einzug in Paris ritt Wimpus auf den Champs-Elysées stolz hinter Zar, König und dem Feldmarschall Fürst zu Schwarzenberg.

»Da wären wir ja in dem großen Sündenpfuhl, wo ich unter solchen Umständen nie herzukommen glaubte ... Nein, eine solche Stadt!!! Nein, die himmlischen Balletts der großen Oper!!! Göttlich!!!« Noch mehr imponierte ihm England, wohin der frisch ernannte Major mit dem Vater reiste. Der König verzichtete auch bei den britischen Vettern nicht auf das mitgeführte Feldbett, der Sohn berauschte sich an Flottendefilees und Manövern. »Ich ziehe London Paris vor. England ist fast ein Garten. Alle Gemälde, die man sieht, sind nicht übertrieben. In den Parks laufen Pferde, Vieh, Hirsche, Kaninchen usw., alles durcheinander. Und der englische Rasen!« Ein Abstecher in die Schweiz schloß sich an. Außer an dem Tage, da die Neuenburger ihrem Fürsten huldigten, reiste der König inkognito als Graf von Ruppin.

Napoleons Aufbruch von Elba, der den Wiener Kongreß überraschte, sollte Wilhelm noch nicht zu den Waffen rufen, der Vater bestand darauf, daß der Prinz erst konfirmiert würde. In der Schloßkapelle von Charlottenburg verlas Wilhelm ein von ihm verfaßtes Credo an das Etre Suprême, bei dem der Oberhofprediger Ehrenberg ein wenig mitgewirkt haben mochte. »Es ist ein höchstes Wesen. Der Mensch ist bestimmt, der höchsten Vollkommenheit nachzustreben. Der Geist des Menschen ist unsterblich und soll einst in ein höheres Leben der Vergeltung und Vollendung übergehen.« Es folgte ein persönliches Bekenntnis: »Für den König, meinen Vater, hege ich eine ehrfurchtsvolle und zärtliche Liebe. Ihm zur Freude zu leben, will ich mich auf das angelegentlichste bemühen. Seinen Befehlen leiste ich den pünktlichsten Gehorsam. Den Gesetzen des Staates und der Verfassung unterwerfe ich mich in allen Stücken. Die Tugenden der Königin, meiner vollendeten Mutter, sollen mir unvergeßlich sein, und das Andenken der Verklärten soll bei mir stets in einem gerührten und dankbaren Herzen wohnen. Den Pflichten des Dienstes will ich mit großer Pünktlichkeit nachkommen und meine Untergebenen zwar mit Ernst zu dieser Schuldigkeit anhalten, aber ihnen auch mit freundlicher Güte begegnen.«

Das waren keine leeren Versprechungen, Prinz Wilhelm hat sich an sie gehalten. Der König und die Söhne befanden sich noch in Berlin, als die Schlacht von Belle-Alliance geschlagen wurde. In Speyer hörten sie von Nöppels Thronverzicht. Ihr Feldzug auf Paris glich eher einer Marschübung, französischer Widerstand zeigte sich nicht mehr. Wimpus amüsierte sich im Gefolge der den Ton angebenden Großfürsten Nikolaus und Michael, die die eleganten Pariser Geschäfte leerkauften. »So viel kann ich daran nicht wenden.« Die Machtdemonstration der in der Heiligen Allianz verbündeten drei Monarchen, die sich in pompösen Truppenrevuen zur Schau stellte, kostete der militärfromme Wimpus aus. Die Heilige Allianz wirkte auch nach innen, der König vergaß geflissentlich sein Verfassungsversprechen; die Früchte des Sieges ernteten Fürsten und Adel, nicht das Volk.

1817 war Wilhelm sieben Monate von Berlin abwesend, er geleitete seine Schwester nach Petersburg, wo sie dem Großfürsten Nikolaus, seinem Freunde, vermählt wurde. Bei aller Neigung für den russischen Verbündeten, zu dem er zeitlebens gehalten hat, waren die Berichte Wilhelms aus Petersburg und Moskau keineswegs unkritisch. Er bewunderte zwar die Militärmacht des Kaisers, übersah aber nicht Mängel an den russischen Zuständen im Vergleich mit preußischen Verhältnissen. Heimgekehrt wandte er sich wieder seinen Kommandeurspflichten zu, wurde 1818 zum Generalmajor befördert und erhielt zwei Jahre später den Befehl über die 1. Gardedivision. Auch in die Staatsgeschäfte gewann er Einblick als Mitglied des Staatsrates.

Einblicke, mehr nicht. Seinem Vater darin ähnlich, fehlten ihm in die Zukunft weisende politische Vorstellungen, seine Stärke beruhte darauf, Handlungen, zu denen man ihn drängte, diszipliniert auszuführen. Im militärischen Bereich fühlte er sich kompetent und war es auch in hohem Grade. Durch Geburt in obere Stabs- und Kommandostellen berufen, füllte er sie vorbildlich aus. Die preußische Heeresorganisation des 19. Jahrhunderts wurde sein Werk, er stärkte die Linientruppen und durchsetzte die Landwehr mit Linienoffizieren. Die Infanterie galt ihm als Königin der Waffen, vorübergehend zur Kavallerie versetzt, fühlte er sich unsicher. Es gab »Allerhöchste Nasen«.

Nie ist er über die Schranken seiner Begabung hinausgetreten. Zum Geistesleben und zur Kunst fehlte ihm jede Beziehung. Als er in Weimar um die Prinzessin Augusta freite, war ihm Goethe nur dem Namen nach bekannt. Er besuchte zwar die Oper und seltener auch das Schauspiel, aber lediglich um sich zu zerstreuen. Er war nicht nur unmusikalisch, er war völlig amusisch. Probleme geistiger Art hat er nicht gekannt, religiöse Zweifel sind ihm fremd geblieben, er lebte in der festen Glaubensgewißheit eines evangelischen Christen.

Anders als sein oft unbeherrschter Bruder, der Kronprinz, hielt sich Prinz Wilhelm stets unter Kontrolle. Sein Wesen war einfach und stetig, klar und hell. Bei aller Sachlichkeit fehlte es seinem Innenleben nicht an Reichtum, es besaß eine zarte Empfindung, auch wenn es ihm nicht immer gelang, sie auszudrücken. Tränen ließ er freien Lauf, weil die Zeit sich ihrer noch nicht schämte. Man darf, so paradox es klingt, von seinem weichen Gemüt sprechen. Im geselligen Leben zeigte er sich ritterlich und galant, war ein flotter Tänzer mit einem ausgesprochenen Blick für Frauenschönheit. Seine Korrespondenz zeichnete eine natürliche Frische aus; er urteilte ungekünstelt.

In Prinz Wilhelm verbanden sich das Edle mit dem Redlichen, Gerechtigkeit mit Güte. Stets hielt er auf schlichte Würde. Bei der Truppe und später im Volk war er beliebt. Seine aufrechte Persönlichkeit gewann ihm die Herzen. Der vornehme Charakter ließ Schmeichler in seiner Nähe nicht aufkommen. Was ihm selbst fehlte, politisches Gespür und die Kunst der Diplomatie, fand er in Bismarck vereint und ließ ihn gewähren. Eifersucht auf die Erfolge des anderen blieb ihm fremd, er nahm sich in die Pflicht, den Überlegenen neben sich zu dulden, um des Bestandes und der Mehrung der Monarchie willen.

Seine Auffassung vom Amt der Krone unterschied ihn von Friedrich Wilhelm IV. Brach sein Bruder unter den Ereignissen der Revolution von 1848 innerlich zusammen, weil seine romantisch-ständische Vorstellungswelt einen erschütternden Stoß erlitt, brauchte Wimpus, als »Kartätschenprinz« anfänglich diffamiert, nicht zurückzustecken. In seiner nüchternen Anschauung war die Monarchie nicht von einer anfechtbaren Idee her bestimmt, sie war ihm eine

Realität aus preußischer Tradition, die es zu behaupten galt.

Vom Vater und vom Kronprinzen darin abweichend, war Prinz Wilhelm von preußischem Großmachtstreben geprägt. Er sehnte die deutsche Einheit unter preußischer Hegemonie herbei. Sich auf das Amt des »Erzfeldherrn« des Bundes zu beschränken, wie Friedrich Wilhelm IV. seine Rolle sah, wäre ihm nicht in den Sinn gekommen. Zu Recht wird Wilhelm I. der letzte Preuße genannt. Mit aller Kraft stemmte er sich in den ersten Januartagen 1871 dagegen, mit der Annahme der deutschen Kaiserwürde Preußens Rang zu schmälern. Er trug sich mit der Idee abzudanken. »Ich soll es mit meinem eingefleischten Preußenherzen erleben, den Namen, der so Großes erreicht hat und geschaffen, zurücktreten zu sehen vor einem anderen, der, fast in seiner Auflösung, ein Jahrhundert lang dem preußischen feindlich entgegenstand?« Für König Wilhelm galt der Kaisertitel, bevor er sich zur Annahme bequemte, als »Charaktermajor«, ein Rang ohne Kompetenz.

Es war ein verschlungener Weg vom Revolutionsjahr 1848 bis zur Kaiserproklamation in Versailles. An das von Langhans erbaute Palais Unter den Linden, in dem Prinz Wilhelm auch als König und später als Kaiser bis zu seinem Tode wohnte, hatten die Revolutionäre »Nationaleigentum« gemalt. Glaßbrenner reimte:

Man hackte, pickte, grub und trug.
Hier scholl ein Hurra, dort ein Fluch,
es baute Barrikaden
das Volk von Gottes Gnaden.

Das Verhältnis zwischen dem König und seinem Bruder, dem Thronfolger, hatte sich verschlechtert. Prinz Wilhelm berief sich auf das Testament des Vaters, wonach bei jeder verfassungsmäßigen Änderung an den Rechten der Krone vorher die Agnaten befragt werden müßten. Der König schloß ihn von den weiteren Verfassungsberatungen aus und befahl in jenen turbulenten Märztagen 1848, Prinz Wilhelm solle unter dem Vorwand, dem englischen Hof von den Vorgängen in Berlin zu berichten, preußischen Boden verlassen. Bei weiterer Anwesenheit in der Hauptstadt Berlin hätte ihm der Verzicht auf die Thronfolge abgetrotzt werden können.

Es war eine abenteuerliche Flucht in vielerlei Verkleidungen und mit abrasiertem Bart. Vor Ludwigslust mußte der Prinz die Kalesche verlassen, über Äcker laufen und Gräben durchwaten, es hieß, polnische Studenten lauerten ihm auf. Auf der »John Bull« reiste er von Hamburg aus inkognito nach London. Im Carltonhouse, dem Sitz des preußischen Gesandten v. Bunsen, traf er auf einen Herrn v. Meyer, so nannte sich der gleichfalls geflüchtete Fürst Metternich im englischen Exil. Prinz Wilhelms Aufenthalt bekam bald offiziellen Charakter, Königin Victoria empfing ihn im Buckingham-Palast, Prinzgemahl Albert und der Gesandte v. Bunsen nahmen sich seiner an und versuchten, dem stockkonservativen Preußen englische Liberalität näher zu bringen. Vorübergehend nicht ohne Erfolg. Prinz Wilhelm billigte Dahlmanns Verfassungsentwurf für das Deutsche Reich in den Grundzügen. Er verabschiedete sich von Bunsen: »So schwer die Zeit war, so ist doch gewiß kein Land in der Welt imstande, in solchen Augenblicken Ruhe und Stärkung zu gewähren, als England.«

In Wesel, nach Monaten wieder in Preußen, sagte er vor Magistrat und der Garnison: »Es hat sich seitdem vieles in unserem Vaterland geändert. Der König hat es gewollt; des Königs Wille ist mir heilig; ich bin sein erster Untertan und schließe mich mit vollem Herzen den neuen Verhältnissen an.« Der wankelmütige König stand jedoch nicht zu den neuen Verhältnissen. Gleichzeitig meinte er »gegen Demokraten helfen nur Soldaten« und wünschte sich trotzdem, vom demokratisch gesinnten Volk geliebt zu sehen. Auch Prinz Wilhelm hat in jenen bewegten Monaten auf zwei Schultern getragen; ganz auf eigenem Boden stand er erst wieder, als er gegen die badischen Aufständischen unter dem polnischen Revolutionsgeneral Mieroslawski vorrückte und sie niederwarf. Sogleich versuchte er, die vom König oktroyierte, aber relativ liberale Verfassung in konservativem Sinne zu bessern.

Ein ähnliches Wechselspiel wiederholte sich später zwischen König Wilhelm und dem mit der Royal Princess Victoria vermählten Kronprinzen; Abwehr jeder liberaleren Regung durch väterlich königliche Autorität. Nach der Schlacht von Königgrätz wollte Wilhelm I., der sich nur widerwillig in den Krieg gegen Österreich hatte drängen lassen, den Sieg durch einen Einzug in Wien auskosten. Bismarck war dagegen. Er bediente sich des Kronprinzen, des nachmaligen Kaisers Friedrich III., als Vermittler. Des Königs Resignation lautete: »Nachdem mein Ministerpräsident mich vor dem Feind im Stich läßt, und ich hier außerstande bin, ihn zu ersetzen, habe ich die Frage mit meinem Sohn besprochen, und da sich derselbe der Auffassung des Ministerpräsidenten angeschlossen hat, sehe ich mich zu meinem Schmerze gezwungen, nach so glänzenden Siegen der Armee in diesen sauren Apfel zu beißen und einen so schmachvollen Frieden anzunehmen.«

Der Friede von Prag trug Preußen immerhin Hannover, Kurhessen, Schleswig-Holstein und die Freie Stadt Frankfurt ein, auch hatte der König nun an der inneren Front Ruhe gewonnen, das Abgeordnetenhaus erklärte nachträglich das Regieren ohne bewilligtes Budget für indemnatum. Es fiel dem siebzigjährigen König, wie er selbst bekannt hat, schwer, sich vom Glücksjahr 1866 zu trennen, sogar die Neigung der Königin Augusta und der Kronprinzessin hatte er wiedererworben. Anlässe für Abdankungspläne des Königs und Entlassungsgesuche Bismarcks stellten sich indes weiter ein.

Auch kurz bevor Bismarck die Emser Depesche redigierte, war es für den Ministerpräsidenten wieder einmal so weit, weil »der König den französischen Botschafter unter dem Druck von Drohungen während seiner Badekur vier Tage hintereinander in Audienz empfangen und seine monarchische Person der unverschämten Bearbeitung durch diesen fremden Agenten ohne geschäftlichen Beistand exponiert« hätte. Dabei war vom König die Würde zu jeder Stunde durchaus gewahrt worden, er hatte den Botschafter Benedetti meist durch seinen Adjutanten, Anton Radziwill den Jüngeren, beschieden. Dieser Anton war ein Neffe Elisas. Der König behandelte ihn wie einen nahen Verwandten und pflegte ihn mit Du anzureden. Im Jahr 1888 am Tag, der seinen königlichen Herrn hinscheiden sah, stand dieser letzte preußisch gesinnte Radziwill am Totenbett des Jugendgeliebten seiner Tante Elisa, wenn man sich denn die elfengleiche Prinzessin als Tante vorstellen will; sie war ja ein Jahr nach seiner Geburt bereits gestorben.

Nur widerstrebend hatte sich der König in Bismarcks Kulturkampf gegen die katholische Kirche hineinziehen lassen. Bischöfe auf Festung zu setzen, machte ihm zu schaffen. Manche Maßregel richtete sich mehr gegen die Polen als gegen die Kirche. Die katholische Abteilung im Kultusministerium wurde aufgelöst. Ihr Leiter, ehemals Privatsekretär bei den Radziwills und noch jetzt Vertrauter von Boguslav, galt Bismarck als hartnäckiger Verfechter polnischer Bestrebungen. »Ich habe mehr als einmal dem König auseinandergesetzt, daß diese Abteilung schlimmer sei als ein Nuntius in Berlin.« Das Verhältnis zwischen Deutschen und Polen verschlechterte sich, vom Nationalismus angetrieben, im Verlaufe des 19. Jahrhunderts durch manchen feindseligen Akt. Radziwills waren in beiden Lagern anzutreffen.

Wie Jakob um Rahel

Die Liebe
ist der Endzweck der Weltgeschichte,
der Atem des Universums.
Novalis

1816–1820

Wimpus schreibt über einen Besuch seines Kameraden Wilhelm Radziwill im Winter von 1816 auf 1817: »Er kam zu mir, und ich fragte nach seinen Eltern und Geschwistern, wobei er von Elisa sagte, sie wäre recht hübsch geworden. Worauf ich ihm erwiderte: er sei ja ein sehr galanter Bruder geworden. Als er fortging und sagte, daß die Seinigen in wenigen Tagen ankämen, durchdrang mich zum ersten Male die Idee, daß ich mich sonderbar darauf freute Elisa zu sehen. Der Kalender ward nachgeschlagen, der Geburtstag entdeckt und der Abstand der Jahre sehr passend befunden.«

Vor jeglichem Beginn einer Herzensneigung stand bei Wilhelm die kühle Abschätzung, ob die damals Dreizehnjährige wohl für eine Ehe passen würde. Er brauchte noch nicht nach den Empfindungen des Kindes zu fragen, hatte er sich doch fest vorgenommen, nicht vor Vollendung des fünfundzwanzigsten Lebensjahrs eine Ehe einzugehen. Das hatte noch sechs Jahre Zeit, die Ebenbürtigkeit war noch nicht in Frage gestellt. Schon im Jahr zuvor, als der Friedensschluß von 1815 mit einem Festball begangen wurde, hatten Wimpus und Ewig eine Quadrille getanzt, bei der Prinz Wilhelm im Kostüm Kaiser Konrads III. Elisa huldigte, ein Bild, das den Hof entzückte.

Nachdem die Radziwillfamilie, aus Posen kommend, in Berlin Winterresidenz genommen hatte, begann von Wilhelms Seite die Liebe zu keimen. »Ihr liebliches Äußere und ihr sanftes einfaches Wesen zogen mich unendlich an; ich fühlte, daß sie mir nicht gleichgültig war und daß ich ihr vor allen gern den Vorzug einräumte.«

Das fiel der Umgebung auf. Wilhelm errötete, wenn die Sprache auf Elisa kam. Begegnete er ihr, hob ein Getuschel an, beim Kotillon wußten es die Paare einzurichten, daß er immer wieder an die junge Radziwillówna geriet. Nach einem Ausflug auf die Pfaueninsel wurde er von seiner Schwester Charlotte wegen seiner Liebschaft geneckt und Prinzessin Friederike die Jüngere, seine Kusine, brachte ein Leistengedicht zustande: »**W**ie **i**st **l**ieb **h**eute **e**inzig **l**eben **m**ir – **Ewig** liebe ich solche **A**nmut.« Der Name »Ewig« war geboren.

Auf der Rückreise von Petersburg, wo er dem Fürsten Anton ein Halsband für Elisa übergeben hatte, nahm Wilhelm an einer Truppenparade in Posen teil. Während dreier Tage, ausgefüllt mit Diners und Bällen im Palais des Statthalters, sah er Elisa nach einem halben Jahr wieder. »Du kannst Dir meine Freude denken!« schrieb er der Schwester. »Elisa ist sehr gewachsen und etwas stärker geworden und überhaupt charmant.« Im Berliner Winter beobachtete er den »Gegenstand«, wie er sich stets auszudrücken belieb-

te, schon kritischer. »Die Haut hat gelitten, sie ist sehr groß geworden.« Auch bemängelte er, daß »der Spiritus nicht ganz dem Äußeren entspräche«. Wieder an Charlotte: »Leugnen kann und will ich nicht, daß sie sehr hübsch ist, Gesicht sowohl wie Figur, dabei äußerst graziös – aber ihr Teint hat sich nicht viel gebessert.« Will der Verliebte seine Passion nur hinunterspielen? Zahlreiche Äußerungen Wilhelms auch auf der ihm später verordneten Brautschau lassen erkennen, daß sein Urteil über Mädchen und Frauen von einer Art Pferdehändlerblick gelenkt wurde, er musterte den Gegenstand von oben bis unten.

Nach einer Darbietung von Szenen aus Goethes »Faust« in der Vertonung von Anton Radziwill, aufgeführt in

Palais Radziwill

Schloß Monbijou, dessen Hausherr Herzog Karl von Mecklenburg-Strelitz war, geriet der unmusikalische Wimpus ins Schwärmen. »Übrigens war die Aufführung mit der herrlichen Musik so ganz im Zusammenhang unvergleichlich und von außerordentlichem Eindruck.« Den Mephisto gab der Herzog selbst. Von ihm hieß es: »Als Mensch, als Fürst, als Feldherr schofel, vortrefflich nur als Mephistophel.« Anton Radziwill wurde nicht nur von Goethe bewundert; bei der Aufführung der ganzen Faustkomposition ein Jahr später war der Hof, an der Spitze der König, voll des höchsten Lobes.

Als sich der Hofklatsch mit der Neigung Wilhelms für Elisa zu befassen begann, beauftragte der Hausminister

Fürst Wittgenstein seinen Kabinettsdirektor, den Geheimen Rat v. Raumer, ein streng vertrauliches Gutachten über die Eheaussichten zu erstatten. Zu prüfen sei einerseits, ob die Vermählung der Prinzessin Luise mit dem Prinzen Anton seinerzeit standesgemäß gewesen sei und auf Ebenbürtigkeit beruht habe, andererseits sei zu untersuchen, ob die Heirat eines Prinzen des Königlichen Hauses mit einer Tochter aus dieser Verbindung heute als standesgemäß und ebenbürtig anzusehen sei.

Wittgenstein hatte ohne Auftrag gehandelt. Der König, bekannt dafür, daß er jede Entscheidung durch Einholen umständlicher Gutachten verzögerte, wußte von der Betrauung v. Raumers nichts. Das Votum des Geheimrats vom 1. März 1819 fiel eindeutig aus. Die Prinzessin Luise habe bei ihrer Vermählung ausdrücklich »für sich und ihre Nachkommen auf die Nachfolge in Land und Leuten« verzichten müssen. Auf Geheiß des hochseligen Königs Friedrich Wilhelm II. sei die Hochzeit nicht im Schloß und ohne Fackeltanz veranstaltet worden.

Die früheren Verbindungen zwischen Hohenzollern und Radziwills spielte v. Raumer als von politischer Zweckmäßigkeit geleitet herunter. Die Radziwills seien zwar eine vornehme Familie, stünden aber dem kleinsten altfürstlich regierten Hause in Deutschland nicht gleich, da eine Aussicht auf die Krone Polens entfalle. »Daher denn, so wie in ganz Deutschland und in ganz Europa, so auch besonders in Rußland die Ehe eines Königlichen Preußischen Prinzen mit einer Prinzessin Radziwill eine der Höhe und dem Ruhm des Königlichen Hauses Preußen sehr nachteilige Sensation machen würde. Die glänzendsten persönlichen Eigenschaften ändern hierin nichts.«

Anderthalb Jahre später gewann der König festere Eindrücke von der Liebe des Sohnes und prompt legte Wittgenstein das Gutachten Raumers vor. Als Großherzog Georg von Mecklenburg äußerte, er könne kein Hindernis finden, das einer Verbindung Wilhelms mit Elisa entgegenstünde, soll Friedrich Wilhelm III. sich ihm gegenüber mit ungewohnter Lebhaftigkeit die Ansichten des Geheimrats zueigen gemacht und den Großherzog umgestimmt haben.

Georg war der erste, der die Fürstin Radziwill auf seinen Neffen Wilhelm und ihre Tochter Elisa als Paar aufmerksam gemacht hatte. Ihr Herz nähre keine eitlen Hoffnungen, entgegnete Luise. Indes Ehestiftungen machten den Hauptinhalt der Korrespondenz zwischen den Fürstenhäusern jener Zeit aus. Georg fragte Luise, wie es sich denn 1683 mit der Heirat zwischen Ludwika Radziwill und dem Markgrafen Ludwig von Brandenburg verhalten hätte. Könnte sie nicht als Beispiel dienen? Auch Ludwig war wie Wilhelm der zweitgeborene Sohn eines Hohenzollern gewesen.

1819 enthüllte dann die Mutter Elisas dem Großherzog ihre geheimen Wünsche: »Ein so reines Gemüt, so viel Besonnenheit, Vernunft und achtenswerte Eigenschaften habe ich selten so, wie in dem jungen Mann gefunden, dem ich mit vollem Zutrauen das Glück des geliebten Kindes übergeben würde. Ob sie ihm nun in diesem Grade gefällt, das vermag ich ebensowenig zu entscheiden, als inwiefern sein verehrter Vater es billigen oder mißbilligen würde. Wohl hat es mir oft geschienen, daß der junge Mann Elisa gut sei, doch traue ich mir selbst hierüber nicht, denn mütterliche Liebe täuscht, und das Herz glaubt gern, was es wünscht. Wilhelm hat in diesen zwei Jahren mir oft und mit viel Zutrauen und Liebe geschrieben, so daß ich oft auf den Gedanken geriet, daß er nicht aus bloßer Freundschaft für mich so lang, oft und ausführlich schrieb.«

Obersthofmeister v. Schilden eröffnete dem Prinzen Wilhelm unter vier Augen in allgemeinen Worten die Abneigung des Vaters gegen eine Verbindung mit Elisa, ohne ausdrücklich die Frage der Ebenbürtigkeit anzurühren. Schilden wußte zwischen den Träumen von Mutter und Tochter zu unterscheiden. Bei Prinzessin Elisa wäre es das erste Aufglühen einer Neigung, ohne in ihrer Bescheidenheit an eine feste Verbindung zu denken, bei der Fürstin Luise Radziwill dagegen der lebhafte Wunsch, eine Eheschließung möchte zustandekommen, aber hoffentlich auch die Einsicht, so Schilden, daß sie als Preußische Prinzessin dagegen zu sein hätte. In dieser Hinsicht allerdings irrte er sich. Wimpus antwortete dem Obersthofmeister, er beharre nicht auf einer Verbindung mit Elisa, da er von den Hindernissen wisse.

1820 begegneten sich Wilhelm und Elisa bei einer Zusammenkunft der Familien in Freienwalde. »Was bin ich dort glücklich gewesen«, berichtete Elisa. Den Beginn ihrer Liebesbeziehungen datierten sie beide später von diesen Tagen her. Der Schwester Charlotte, Gemahlin des Großfürsten Nikolaus, die Wilhelm vorhielt: »daß Du bis über die Ohren verliebt bist in Ewig«, entgegnete Wilhelm im Sinne des Vaters mit Bedenken gegen den polnischen Anhang, den er sich einhandeln könnte.

In diesem Jahre rangen noch zwei Seelen in ihm, erkennbar bei einem weiteren Treffen mit Elisa im schlesischen Fürstenstein. Entschlossen, sich nach Schildens Vorhaltungen behutsam abzusetzen – Elisas Mutter empfand ihn als steif und kalt –, wurde er in seiner Zurückhaltung durch Elisas Liebreiz wieder schwankend und vermochte die Tränen kaum zurückzuhalten, als er abreiste. »Dieses Wiedersehen und der eine Tag im herrlichen Fürstenstein war für mich ein Gemisch von Freude und Beklommenheit, das mich in einsamen Augenblicken bewältigte ... Ich mußte mich ordentlich zusammennehmen, wenn Ewig mich auf die Schönheiten der Natur aufmerksam machte und so ganz und mit Recht entzückt war, daß ich nicht aus dem mir gezeichneten Weg trat.« Sobald der General v. Natzmer, sein Freund und Adjutant des Königs, in der Nähe war, gab er sich fast schroff, was Mutter und Tochter vor Rätsel stellte.

1821

Bis zum Anfang des Jahres hat man sich Elisa als Backfisch vorzustellen. Sie schwärmte heimlich für Wilhelm, ohne recht zu erfassen, welche Kämpfe in ihm vorgingen. In der Familie wurden seine häufigen, an Tante Luise gerichteten Briefe herumgereicht, die auch Elisa sich stets ausbat. Über sich fand sie nichts darin, auch wurde im häuslichen Kreis über den Prinzen geflissentlich nicht gesprochen. Elisas Anspruchslosigkeit verbot ihr, aus sich etwas zu machen, sie fand an der Freundschaft aller, die sie kannte, Genüge.

Das änderte sich am 27. Januar 1821 mit einem Schlage. An diesem Tage wurde »The Paradise and the Peri« aus Thomas Moores »Lalla Rookh« in freier deutscher Nachdichtung aufgeführt. Der ganze Hof beteiligte sich am großartigen Maskenumzug durch den Lustgarten, das Aufgebot endete mit dem Singspiel im Weißen Saal des Schlosses. Die Dekorationen stammten von Schinkel, die Musik hatte Spontini komponiert, Jahre später durch Schumanns gleichnamiges Werk für Gesang mit Orchester weit in den Schatten gestellt. Viertausend kostümierte Gäste fanden sich ein, die hundertundsechzig Darsteller des orientalischen Liebhabertheaters wurden von der Hofgesellschaft gestellt. Das ganze Spektakel huldigte dem Besuch des nachmaligen Herrschers aller Reußen, des Großfürsten Nikolaus und seiner Gemahlin Charlotte, der Schwester von Wimpus.

Prinz Wilhelm verkörperte einen Sohn des indischen Kaisers, eine Nebenrolle, während Elisa, die innige Freundin Charlottes, die Himmelssehnsucht in der Gestalt Peris spielte. Obwohl sie nur nach Entwürfen des Malers Wilhelm Hensel pantomimisch die lebenden Bilder von der

Elisa als Peri

Vertreibung Peris aus dem Paradies bis zum Wiedereinlaß stellte – der Gesangspart lag bei einer Sopranistin hinter der Bühne –, wurde sie zur Sensation, zum Glanzstück der Aufführung. Alle Anwesenden und die Berliner Zeitungen priesen ihren Liebreiz und die Hingabe an das Spiel bis zur völligen Identität mit der Rolle.

Das Engelsgleiche muß die Zuschauer in Bann geschlagen haben, Chronisten wollen von einem Preis der Schönheit wissen, der ihr verliehen worden sei, man habe sie die »weiße Rose« genannt, vermutlich eine Verwechslung mit »Blanchefleur«, einem Attribut Charlottes. Unsere Vorstellung bleibt auf zeitgenössische Stiche und Gemälde, meist von Hensel, verwiesen, die Elisa weißgewandet mit den Schmetterlingsflügeln der Peri abbilden, gewiß rührselig, aber ergreifend? »Was in der Zeitung über das Tableau der Peri gesagt wird, ist sehr wahr«, stellte Wimpus scheinbar nüchtern fest. Tatsächlich hatte seine Liebe einen neuen Impuls bekommen. Aus dem ersehnten Mädchen Elisa war eine gefeierte Persönlichkeit geworden, deren Selbstbewußtsein sich nicht mehr zu verstecken brauchte.

Die Aufführung wurde wiederholt, Wilhelm und Elisa trafen diesen Winter häufig aufeinander und, wie es schien, unbefangener. Elisa bildete sich ernsthafter als bisher in verschiedenen Richtungen. Verspieltem Zeichnen folgte emsiges Angehen der Ölmalerei, »Wilhelm Meisters Wanderjahre« eignete sie sich, wie man es im Biedermeier mit Vorliebe tat, durch kalligraphische Abschriften von Auszügen an, sie befaßte sich sogar mit theoretischer Dramaturgie. Verwegen warf sich das zarte Geschöpf aufs Pferd, um im Galopp die Reitkunst zu erlernen. »Ich reite jetzt und mit wahrer Wonne. Meine gütigen Eltern haben es mir erlaubt und das macht mich so glücklich ... Mein einziger Fehler, sagt der Stallmeister, ist, daß ich sehr jage und zu dreist bin«, schrieb sie der Freundin Lulu.

An die gleiche Empfängerin richtete sie im November einen in sich widersprüchlichen Brief aus Posen, der Residenz des Königlichen Statthalters im ehemaligen Jesuitenkolleg. Da heißt es: »Ich bin unaussprechlich glücklich, darum wünsche mir nur recht lange dieselbe Lage, in welcher ich lebe und in welcher ich alle meine Freude, meinen Frieden, meine nie getrübte Ruhe schöpfe.« Aber dann fährt sie fort: »Ach, ich weiß nicht, wo ich hin soll vor Sehnsucht! Wenn unser Reisewagen erst durch das Frankfurter Tor rollen möge, durch alle geliebten Straßen endlich in den Hof hinein.« Lulu sollte glauben, ihr gelte die Sehnsucht, aber verband sich mit Berlin nicht in erster Linie der Geliebte?

Dabei hatte Wilhelm den Glückwunsch selbst zu Elisas Geburtstag nur wieder auf dem Umweg über die Mutter ausgedrückt: »Darf ich Sie ersuchen, gnädigste Tante, an jenem Tage Elisa meine herzlichsten Glückwünsche darzubringen, wenn sie dieselben freundschaftlich aufnehmen will! Der Himmel segne sie und mache sie so glücklich, als sie es in einem so hohen Grade verdient!«

Elisa wagte zu dieser Zeit ihre Liebe noch niemandem zu offenbaren, der Königssohn hatte für ihre stille und im Grunde etwas scheue Natur noch Unwirkliches an sich. Wilhelms Leidenschaft war geweckt, er bezähmte sie nach Kräften. Während sein Vater bei aller Vorliebe für das Mädchen Elisa eine Wand gegen die Radziwills aufrichtete, knüpfte die Fürstin Luise Radziwill die persönlichen Fäden zum Prinzen Wilhelm immer fester.

Wilhelms Schwester Alexandrine hat die Konstellation treffend beurteilt: »Ich bin überzeugt, daß man dort im Hause glaubt, es kann und soll eine Verbindung geschlossen werden; denn daß man es darauf anlegt, konnte jedem einleuchten, der nicht befangen war. Ich glaube, meine arme Freundin hat sich schon ein Glück in unserer Familie geträumt, an ihrem Benehmen, wenn Du kamst, ließ es sich wohl merken. Übrigens glaube ich auch, daß sie sich selbst nicht des Gefühls der Liebe bewußt ist, da sie so ganz rein und unschuldig ist ... Ich sollte nicht so ihr Lob singen, aber ich kann es nicht lassen.« Wimpus verstand, was seine Schwester ihm andeutete.

1822

Das Frühjahr dieses Jahres erlegte Wilhelm die schwerste Zerreißprobe auf. Zum 22. März, seinem Geburtstag, an dem er das oft berufene fünfundzwanzigste Lebensjahr vollendete, gedachte er noch einmal vor den König zu treten, um sich die Einwilligung zur Ehe mit Elisa erteilen zu lassen. Inzwischen hatte v. Raumer bereits ein viertes Gutachten abgeliefert, das so negativ wie die vorhergehenden ausgefallen war. In einer dieser Expertisen wurde als weiteres Hindernis angeführt, daß es in Polen zwischen Hoch- und Niederadel kaum Rangunterschiede gäbe; das gesellschaftliche Niveau der Radziwills sollte herabgesetzt werden. Auch der Direktor v. Kamptz aus dem Unterrichtsministerium, Mitglied des Staatsrates, verfaßte ein »Prememoria über die Standeswidrigkeit der Ehe eines Königlichen Prinzen von Preußen mit einer Prinzessin Radziwill«.

Je näher die Ankunft Elisas und ihrer Familie aus Posen rückte, um so dringlicher ließ der König dem Sohn zusetzen. Wieder war Baron v. Schilden der Mittelsmann. Der Vater wünschte zu wissen, ob Wilhelm sich endlich in der Gewalt hätte oder ob eine längere Reise zu empfehlen wäre, damit er im Angesicht Elisas nicht rückfällig würde. Auch den Chef des Militärkabinetts, v. Witzleben, spannte der Vater ein. Witzleben schickte darauf den General v. Brause, den ehemaligen Militärgouverneur des Prinzen auf Erkundung, ohne die erhoffte Wirkung. Brause verhielt sich Wimpus gegenüber sehr kameradschaftlich, er ermunterte seinen früheren Schutzbefohlenen, denkbare Einwendungen gegen die Gutachten zu erheben, da er sich eine kampflose Entsagung des Prinzen nicht vorstellen konnte.

Sicherlich haben väterliche Liebe und vorgebliche Staatsräson im zaudernden Friedrich Wilhelm III. miteinander gerungen. Das von Friedrich dem Großen stammende Hausgesetz auch nur in einem Punkt zu ändern, wäre ihm als Frevel erschienen. Kraft eigener Entscheidung Elisa für ebenbürtig zu erklären, woran den Chef des Hauses Hohenzollern niemand hätte hindern können – das Heilige Römische Reich Deutscher Nation war seit sechzehn Jahren erloschen, der Bundestag besaß in Erbfolgefragen keine Autorität –, hat er sich nicht zugetraut. Er bot dem Sohn über v. Schilden an, eine Kommission aus Ministern und weiteren zu berufenden Persönlichkeiten sollte noch einmal überprüfen, ob sich die von Wilhelm gewünschte Verbindung ermöglichen lasse. Wilhelm mißtraute zu Recht der Diskretion einer solchen Kommission, der Ruf der Radziwills könnte leiden, bevor ein Spruch gefällt wäre.

Als dritter wurde vom König der Großherzog Georg zu

Wimpus geschickt. Im Tagebuch des Mecklenburgers ist zu lesen: »Der König wußte, daß seine Kinder mir eben die Liebe und das Zutrauen geschenkt haben, mit welchem er selbst mich beehrt, und so machte er mich zu seinem Organ, also zur eigentlich handelnden Person. In betreff der Angelegenheit Wilhelms ging dies noch an, da über dieselbe meine eigene Überzeugung mit der des Königs übereinstimmte, obgleich es wohl keine Kleinigkeit war, dem Herzen des besten jungen Mannes, den man sich nur denken kann, die schönsten Hoffnungen seines Lebens zu rauben, woher es denn auch kam, daß ich selbst oft wie ein Kind mit ihm geweint habe.«

Die andere Angelegenheit, die Georg im Tagebuch »eine wahre Tortur« nennt, betraf die Heirat des Kronprinzen. Doch davon später. Georg hielt seinem Neffen Wilhelm die Erhaltung der Dynastie vor Augen. Wie, wenn er seine Bestimmung verfehlte, dem Thron Erben zu geben? Noch erregt von diesem langen Gespräch – der Großherzog wollte weitere Bedenkzeit nicht mehr gelten lassen –, hatte sich Wilhelm am Abend bei den Radziwills einzufinden. »Ich saß wie eine Salzsäule beim Souper und forcierte mich noch, manchmal wenigstens zu sprechen, so daß Prinzess Luise es merkte und mich fragte! Ich dachte, ich wäre des Todes!«

Aus allen Äußerungen Wilhelms während dieser Wochen geht hervor, daß er aus Taktgefühl nichts so sehr fürchtete wie das Bekanntwerden der Gutachten bei Elisa und ihrer Familie. Die Scheu, die Radziwills zu verletzen, beherrschte ihn mehr als die Rettung seiner Liebe. Am nächsten Abend, die Königlichen Prinzen gaben den zurückgekehrten Radziwills ein Fest nach dem anderen, diesmal im Palais der Tante »Minnetrost«, wie die Prinzessin Marianne im engsten Kreise genannt wurde, sah Wimpus die Geliebte abermals. »Da kam gleich Elisa auf mich zu, um mir zu sagen, sie habe das Vielliebchen für mich, einen Siegelring von Lapis schon am Finger gehabt, weil sie fürchte, daß es vielleicht keinen Augenblick geben würde, wo sie ihn ohne Aufsehen geben könne. Sie war so freundlich und ahnte nicht von weitem, was schon in meinem Innern vorging!«

Wilhelm war nicht allein in den kritischen Tagen Anfang März 1822. Zu ihm hielten der Kronprinz und sein Bruder Karl sowie Wilhelm Radziwill, Elisas Bruder. Auch General v. Brause bestärkte ihn, und die Prinzessinnen Marianne und Luise spendeten Trost, Elisas Mutter in fast täglichen Briefen. Am 9. März, dieses Datum schrieb Wilhelm später in den Siegelring, den er von Elisa in einem Brief Luises empfangen hatte, raffte sich Wilhelm auf, den Eltern von Ewig reinen Wein einzuschenken. »Ich gehe den schwersten Gang meines Lebens«, rief er mit Tränen in den Augen dem Bruder Karl zu, bevor er sich auf den Weg ins Palais Radziwill machte.

Nach Monaten der Anweisungen über dritte Personen hatte der König den Sohn zu einem ersten Gespräch unter vier Augen über seine Herzensangelegenheit befohlen. Zwar zeigte sich der Vater mitfühlend, versicherte, wie sehr er Elisa schätze und wohl wisse, daß Wimpus kein Kurmacher sei, sondern an einer Entsagung leiden würde. Der Fürstenstand wäre aber Gesetzen unterworfen, denen man sich zu beugen hätte. Wilhelm wagte nicht, der väterlichen und königlichen Autorität zu widersprechen; er fügte sich. Er trat alsbald eine längere Reise nach Düsseldorf an, die als Truppeninspektion ausgegeben wurde. Den König erstaunte Wilhelms Bereitschaft zum Nachgeben. Jahre danach konnte er dem Sohn entgegenhalten: »Es stand bei Dir, Einwendungen zu machen. Da Du aber keine machtest und gleich entsagtest, so schien es, als koste es Dich nicht so viel.«

Wilhelm hat seinen Auftritt im Palais Radziwill beschrieben: »Sprachlos fiel ich Vater und Mutter Elisas in die Arme, ich glaubte dem Ersticken nahe zu sein, so fürchterlich war ich angegriffen.« Als er sich gesammelt hatte, versicherte ihm die Tante, daß sie an seiner in fünf Jahren bewährten Treue nie gezweifelt habe und daß sie weiter Hoffnungen hege, besonders auf eine Fürsprache des Zaren und seiner Mutter. Gerade in ihr täuschte sich Prinzessin Luise, wie sich noch zeigen wird.

Prinz Wilhelm: »Ich äußerte mich natürlich nicht ausführlicher, da der Umstandsgemäßheit ich doch nicht gedenken durfte und nur hinzufügte, daß ich keine Hoffnungen mehr geben könnte, da der König politische Gründe anführe, die also wohl wahrscheinlich nicht durch andere Mächte verändert werden würden. Was es mich kostete, so zu sprechen, ist keiner Beschreibung fähig. Als ich endlich ganz gefaßt war, fragte Prinzess Luise mich, ob es mir tröstlich sein würde, Elisa zu sehen; ich wünschte es, und sie kam. Eine stumme Umarmung war alles, was ich tun konnte und durfte!!!« Schließlich brachte Wilhelm heraus, sie möge ihm eine treue Freundin bleiben. Elisa antwortete: »O gewiß!« Es muß geklungen haben wie das »O gewiß, wenn ich darf«, der kleinen dressierten Anni Instetten in Fontanes »Effi Briest«.

Wir sind über jene Tage minutiös unterrichtet. Zwei Stunden, bevor Wilhelm zu den Radziwills aufbrach, hatte er in einem Brief an den Freund v. Natzmer auf seine

Beziehungen zu Elisa zurückgeblickt: »Sie wissen, daß ich mir vornahm, mich zurückzuziehen, aus eigener Wahl, ohne höhern Befehl. Ich fing dieses Benehmen an – sah aber bald ein, daß es nur eine Komödie war, die ich der Welt gab, denn mein Herz schlug von Tag zu Tag heftiger, und ist dies nicht begreiflich? – So schied ich den Sommer 1821 mit stärkeren Gefühlen als jemals! Meine Traurigkeit, die darauf vorherrschend in mir ward, konnte während der folgenden sechs Monate nicht unbemerkt bleiben. Als Radziwills aus Posen erwartet wurden, schickte der König zu mir und ließ mich fragen, wie es mit mir stände. Ich mußte frei gestehen, daß meine Neigung nur zugenommen habe und daß ich trotz Vorsatz und Kampf nicht die Kraft in mir fühle, freiwillig zu entsagen, wo ich so tief fühlte und verstanden wurde! Der König versprach darauf, alles anzuwenden, was sich tun ließe, um zu sehen, ob es möglich sei, eine Verbindung zu schließen, die er wünschte, da er Prinzeß Elisa gut ist. Dies Versprechen fiel in die Tage der Ankunft Radziwills! Sie können denken, mit welchen Hoffnungen ich nun in die Zukunft sah und einige recht glückliche Wochen verlebte. Bis nun die schweren Tage folgten!

Die Recherchen des Hausministeriums in den Archiven hatten ergeben, daß nach allen Stipulationen und Rechtsgründen die Verbindung unstandesgemäß sein würde; – das hatte ich nun gar nicht erwartet, sondern immer nur an die Unannehmlichkeiten der Familienbande gedacht, in welche ich treten würde. Der König forderte nun also eine vollständige Entsagung meiner Aussichten und Wünsche!! – In welchem Kampfe ich während einiger Tage war, ehe ich zur Entscheidung kam, kann kein Mensch sich denken; öfters hatte ich mir die böse Katastrophe vorgestellt; daß sie mich aber so überwältigen würde, ahnte ich kaum!«

Am Tage darauf, dem Geburtstag der Königin Luise, saßen Wilhelm und Elisa im Dom zu Füßen des Hofpredigers, der einen Text aus dem Hohen Lied Salomos gewählt hatte. »Setze mich wie ein Siegel auf dein Herz und wie ein Siegel auf deinen Arm. Denn die Liebe ist stark wie der Tod.« Elisa schrieb den Wortlaut der Predigt für Wilhelm ab, jedes Wort bezogen die Liebenden auf sich; noch der alte Kaiser hat sich des Textes erinnert. Am 12. März verließ Wilhelm Berlin und schrieb der Großfürstin Charlotte: »Fromme Ergebenheit sprach zwar in Elisas ganzer Haltung sich aus, aber Tränen und ein kummervoller Zug verließen das teure Antlitz nicht. Dies überwältigte mich mehr als alles Frühere, denn ich sah in ihren Zügen zum ersten Mal und zum letzten Mal, daß sie mich wahrhaft liebte.«

Kaum hatte Wilhelm die Hauptstadt verlassen, verbreitete sich der Klatsch, der schwedische Kronprinz Oskar, ab 1844 König, bewürbe sich um die Hand Prinzessin Elisas. Varnhagen von Ense und auch Heinrich Heine in seinen »Briefen aus Berlin« sind dem Gerücht aufgesessen. Sicher waren Ebenbürtigkeitsfragen in einer Verbindung mit diesem Sohn des Marschalls Bernadotte aus Pau und der Désirée Clary, einer Marseiller Seidenhändlerstochter, nicht zu befürchten. Aber die Radziwills boten jedenfalls keinen Anlaß zu dem Gerede; Fürst Anton ließ seine Tochter täglich im Tiergarten ausreiten, sie sollte aller Welt zeigen, daß sie sich nicht im Schmerz um Wilhelms Fortgehen zurückzöge.

General Prinz Wilhelm besichtigte derweil die Befestigungen von Koblenz und schrieb aus Düsseldorf einen Tag vor seinem Geburtstag: »Mit dem heutigen Tage beschließe ich das 25. Jahr, und zwar hier in einer selbst gewählten Verbannung, getrennt von den geliebtesten und teuersten Gegenständen, welche mir der Himmel durch die Bande der Natur und der Freundschaft zugeführt hat, und losgerissen von dem Herzen, welches seit Jahren meine ganze Liebe in ihren schönsten und gewiß reinsten und lautersten Gefühlen besaß!!! ... Wer den teuren, für mich nun verlorenen Gegenstand kennt, dem ich meine ganze Neigung geschenkt hatte, der weiß auch zu schätzen und zu urteilen, was ich verloren habe! Nur eine Stimme ist ja über dieses sanfte, liebe, tugendhafte und fromme Wesen; alle Herzen sind ihr zugetan; und ich, dem sie ihr Herz geschenkt hatte, muß ihr aus kalten Konvenienzrücksichten entsagen!! ... Ein Wesen, welches man so geliebt hat, jetzt so bekümmert zu wissen, ist in diesem Augenblick für mich das bitterste; wie gern wollt ich allen Kummer noch zu meinem nehmen, um ihr alle trüben Stunden ersparen zu können, die ich ihr, und doch unverschuldet, verursache.«

Der König hatte dem Sohn zum Wiegentage geschrieben: »Daß meine besten Wünsche Dich stets begleiten, ist Dir bewußt, und wie schmerzlich es für mich ist, Dich in trüber Stimmung zu wissen, das weißt Du gleichfalls. Möchte der Himmel alles zum Besten leiten und Dir recht bald für ein so schweres Opfer auf irgendeine Weise Entschädigung gewähren! Die Zeit allein heilt solche Wunden, wenn die Vernunft tätig mitwirkt, und diese, Gottlob, leitete Dich bisher stets auf rechter Bahn.«

Wir verzichten auf weitere Zeugnisse aus jenen Wochen. Es gibt keinen Tag, an dem sich Wilhelms für unsere Begriffe fast unerträgliche Larmoyanz nicht verbreitet hätte. Eines der ganz wenigen direkt an Elisa gerichteten Billetts sei aber noch wiedergegeben: »Diese Efeublätter pflückte ich am 16. März 1822 auf dem Niederwald bei Rüdesheim, an einem heiteren herrlichen Tage, der die schöne Aussicht in das liebe Rheintal nur noch anmutiger machte. Einige dieser Blätter sandte ich an Charlotte, und eins ruht in meinem Stammbuche; diese aber sende ich mit tausend Grüßen und Segenswünschen dahin ab, wo ich stets im Geiste bin. Mögen sie eine gütige Aufnahme finden, denn sie kommen von einem treuen – Freunde. Wilhelm«

Das Echo gab Alexandrine: »Sie hat mir viel erzählt, unter anderem vom Efeublatt und den Worten und von manchen anderen Dingen, denn sie kann mir nichts verschweigen; sie freut sich meiner so, wenn sie ihrem Herzen Luft machen kann.«

Im Mai sollte Alexandrines Hochzeit mit dem Herzog Paul von Mecklenburg-Schwerin stattfinden.

Wilhelm, der sich in den Niederlanden befand, erbat vom Vater Erlaubnis, seinen Aufenthalt zu verlängern: »So sehr meine Sehnsucht nach allem, was ich zurückgelassen habe, auch groß ist, so sehr sehe ich auf der anderen Seite doch ein, welch kampfvolle Stunden diejenigen für mich sein würden, in welchen ich mit dem für mich, leider, verlorenen Gegenstande öffentlich erscheinen müßte! Der überwältigendste aller dieser Augenblicke würde aber natürlich der Vermählungstag Alexandrinens sein. Bei genauer Überlegung aller Verhältnisse an diesem Tage fühle ich nicht die Kraft in mir, denselben im Beisein der Prinzessin Elisa ertragen zu können. Alexandrine selbst ist von diesen für mich schmerzlichen Gefühlen durchdrungen und hat mir zuerst geschrieben, daß sie gern auf die Freude, mich bei ihrer Vermählung zu sehen, Verzicht leisten wolle.«

Der König gab diesem Wunsche statt, wollte aber von Wilhelms Bitte, von den Radziwills in Schlesien, fernab von den Augen der Berliner Öffentlichkeit, nach der Hochzeit Abschied zu nehmen, nichts wissen. »Eine solche Zusammenkunft an solchem Ort kann und wird nur dazu dienen, um Deine leider schon mehr als zu sehr exaltierte Phantasie ohne alle Not noch immer höher anzuspannen. Überhaupt, was heißt denn Abschied nehmen? Hier war und ist von keinem Abschiednehmen die Rede, es kann auch davon gar keine Rede sein, da Du nach wie vor immer in den Fall kommen wirst, die Prinzessin zum öfteren zu sehen ... Du würdest Deinen freundschaftlichen Umgang mit der Prinzessin haben fortsetzen können, und Deine Vernunft würde Herr Deiner Leidenschaft geworden sein, die nun eben durch die sogenannte Trennung erst recht heiß und heftig geworden ist. Hast Du nun den Wunsch, die Prinzessin wiederzusehen, so habe ich garnichts dagegen, nur muß alles Romanhafte davon ausgeschlossen werden.«

Zum ersten Male wagte es Wilhelm, sich dem Vater gegenüber zu behaupten. »Was mich am tiefsten in Ihrem Brief ergriffen hat, ist die Ansicht, welche Sie sich über meine Stimmung machen! Sie sprechen von exaltierter Phantasie, von romanesken Ideen. Daß ich so in Ihren väterlichen Augen erscheinen würde, hätte ich nie, niemals erwartet; es hat mich ein so übergroßer Schmerz ergriffen, als ich dies las, daß ich wie vernichtet war! Doch ich halte es für meine Pflicht, mich in diesem Punkt vor Ihnen rechtfertigen zu müssen, weil ich nicht weiß, wie ich sonst vor Ihnen wieder erscheinen sollte ... Sie hätten gehofft, daß ich Herr meiner Leidenschaft geworden wäre, wenn ich in Berlin geblieben sei, diese sei aber durch die sogenannte Trennung erst recht heiß und heftig geworden. Auch dies Letztere muß ich bestreiten ... Im Gegenteil habe ich geglaubt, Sie würden sich aus meinen Briefen überzeugen, daß die Vernunft Herr meiner Leidenschaft geworden ist, indem ich fest auf den Himmel vertraute und alle Schicksale, die er mir sendet, als zu meinem Besten dienend betrachtete ... Ich frage einen jeden, der mich in dieser Zeit der Reise gesehen hat, ob man Exaltation und Leidenschaft an mir bemerkt hat; ein jeder wird nur sagen können, daß ich ernst gestimmt erschien, aber nicht exaltiert!«

Gegen Ende des Briefes schränkt er bezeichnenderweise den Willen zur Eigenpersönlichkeit wieder ein: »Hätten Sie doch damals meine Rückkunft befohlen, so wäre mir ein Stein vom Herzen gefallen, der immer auf einem ruhet, wenn man sich in so schweren Fällen selbst entscheiden soll.«

Der Hochzeit Alexandrines war Wilhelm ferngeblieben. In den folgenden zwei Wochen aber sah er Elisa wieder, freilich nur auf Hoffestlichkeiten. Er zählte diese Zeit zu seinem Brautstand. »Wie wird mir Ewigs Liebe in jedem Beisammensein in diesen Tagen immer klarer, ja es schmettert mich fast zu Boden, wenn ich die seelenvollen Augen trotz allem Kampf stets in Tränen erblicke, wie kann man da unbewegt bleiben! Und wären wir noch allein, so würden einige herzliche tröstende Worte unsere erdrückten Seelen wieder aufheben, aber so, wo wir uns nur vor versammeltem Hof sehen, da muß ein jeder in seinem Innersten es toben lassen, ohne daß einer den anderen aufrichten kann!! Dies sind ja die stets von mir gefürchteten

Augenblicke eines Wiedersehens in Berlin; darum wünschte ich ja immer einen anderen Ort; es gibt ja nichts Schonungsloseres als uns diesen Auftritten auszusetzen!«

Sie tauschten Erinnerungsstücke aus. Elisa empfing einen Anhänger mit einer Locke der Königin Luise, in ein Pendant fügte sie das Haar des Geliebten und trug das Doppelstück um den Hals. Wilhelm hatte sie einen Ring zugespielt mit der Inschrift »In Treue fest«. Er behielt ihn über Jahre getreulich am Finger. Das Gespräch des letzten Abends vor der neuerlichen Trennung hat Prinz Wilhelm aufgezeichnet. Hier ein Auszug:

Ich: Sie wußten also nicht, daß ich morgen abgehe?

Elisa: Nein, ich wußte nichts und glaubte, Sie blieben noch länger hier als wir.

Ich: Mir ist die Zeit unseres Zusammenseins recht teuer geworden, wenngleich es schwere Augenblicke gab.

Elisa: Ich finde, Sie sehen heute heiterer aus wie sonst!

Ich: Finden Sie es wirklich? Nun, ich habe vielleicht Ursach, es zu sein!

Elisa: Werden Sie noch einmal mit dem König sprechen?

Ich: Ich habe gestern mit Ihm gesprochen, und er sprach ruhig und gütig mit mir. Wie ich neulich schon zu Ihrer Mutter sagte, so habe ich die traurige Erfahrung gemacht, daß ich die Menschen im allgemeinen für besser gehalten habe als sie es wirklich sind. Man ist nicht rechtlich mit uns umgegangen! Sie haben immer eine so schöne Ansicht von den Menschen gehabt, daß es mich schmerzt, wenn – ich sie Ihnen benehme.

Elisa: Ich bin schon davon zurückgekommen.

Ich: Kennen Sie diese Zeichen (Glaube, Liebe, Hoffnung) noch?

Elisa: O ja!

Ich: Lassen Sie uns fest auf diese bedeutungsvollen Zeichen vertrauen! Als Sie mir dieselben schenkten, da dachten Sie noch an nichts; ich wußte schon sehr wohl, wie es um mich stand, wenngleich ich es mir nicht gestehen wollte.

Elisa: O doch! Es kam mir gleich so bedeutungsvoll vor, als ich sie Ihnen gab.

Ich: Sie sollen nicht allein stehen, und wenn der Himmel unser trübes Geschick nicht ändert, so wird anderswo Ihnen das Glück erblühen, das mir nicht vergönnt worden ist, mit Ihnen zu teilen!!

In Elisas Darstellung verlief der Abend so: »So haben wir gesessen bis nach 12 Uhr des Nachts und immer im Garten. Ohne Zwang und ohne Aufsehen haben wir da uns sprechen können wie ein Bruder mit seiner Schwester spricht. Es war aber doch noch viel schöner! ... Er sprach so schön, so herrlich, so ohne irgend einen Anstrich von selbstsüchtiger Liebe, daß ich mich nicht halten konnte und meine Tränen fielen reichlich auf meine Hände. Ich habe auch nicht versucht, ihm zu verbergen, wie sehr seine Rede mich gerührt, und habe ihm alles gezeigt, was in mir vorging! ... So haben wir uns mit tausend Tränen und vielem Weh, aber doch nicht ohne ein kleines Fünkchen von Hoffnung getrennt.«

Am nächsten Tage verabschiedete sich Wilhelm auf der Pfaueninsel auch vom Vater und fuhr nach Teplitz zur Kur gegen seinen wiederholt aufgetretenen Rheumatismus. Weder er noch Elisa ahnten, daß sie für Jahre getrennt bleiben sollten.

Im Herbst reiste der Prinz mit dem Vater durch Italien. Anlaß war ein veronesischer Kongreß mit Kaiser Franz und Zar Alexander über die griechische, die italienische und spanische Frage. Aus Verona gratulierte er Elisa in einem zweiten direkt an sie gerichteten Brief zum Geburtstag: »Nichts ist schmerzhafter als wenn man sich von dem Gegenstand seiner Liebe trennen muß, ohne zu wissen, ob und wann man sich wiedersehen wird! Ergriffen von diesen Worten wählte ich dies Blatt sogleich zu seiner jetzigen Bestimmung aus. Mit tausend Grüßen und den innigsten Segenswünschen sende ich es nun zum 28. Oktober ab! Wohl passen die eben geschriebenen Worte wenig zu einem Festtage, wie es der genannte Tag sein wird! Mögen sie dennoch eine gütige Aufnahme finden bei der teuren Freundin, da sie von einem treuen Herzen gewidmet sind, denn ernst sind die Schickungen des Himmels, also auch ernst selbst die Worte, welche man zu frohen Ereignissen ausspricht, da sie aus der ernsten Stimmung der Seele kommen! Der Hoffnungsstrahl aber erhellt die Zukunft!!! Wilhelm.«

Ein dritter Brief aus Rom lautete: »Das Blatt ist das gewünschte von dem Grabmal des Romeo und der Julia. Das Veilchen ist aus der Villa Borghese, wo ich es am 15. November pflückte. Möge es als Antwort für die dienen, welche ich am 28. Oktober erhielt. Für die teuren erhaltenen Zeilen zu danken, finde ich keine Worte, denn sie sind mir über alles wert! Mit unterwürfigen, aber getrosten Herzen flehen wir gemeinschaftlich, wenn auch noch getrennt, zu Gott, um von Ihm das Glück unserer Zukunft zu erbitten! Möge Er uns erhören, Er wird uns in glücklichen Tagen ebenso demütig finden, als wir es in den schweren Tagen der Prüfung waren. Gott wolle uns ein baldiges und glückliches Wiedersehen gewähren; Sein Segen begleite Sie immerfort! Wilhelm.«

Vorher hatte die Fürstin Radziwill Wilhelm geschrieben: »Elisa, die neben mir sitzt, trägt mir auf, zu sagen, daß Dein liebes Bild hier aufgestellt ist und es, wo sie steht, immer sie ansieht, und in allen Ecken des Zimmers Deine Augen auf sie gerichtet sind.«

Um das Hirschberger Tal versammelte sich damals, angeführt von den Stolbergs, ein pietistischer Erweckungskreis, zu dem außer den weiblichen Radziwills auch die Prinzessin Marianne und Gneisenau gehörte. Prinz Wilhelm hatte den Grafen Stolberg im Winter 1821 kennen und schätzen gelernt. Stolberg machte ihm Mut und riet ihm, nicht zu resignieren, weil er »Gelegenheit gehabt, in dieser schmerzvoll bewegten Zeit in das Engelsherz zu blicken, was Ihnen gehört.« Wilhelm sollte den Raumerschen Voten, so Stolbergs Vorschlag, mit einem Gegengutachten antworten. Beide erkannten in v. Schilden den Hauptintriganten. Nach anfänglichem Widerstreben gestattete der König dem Sohn, durch die Rechtshistoriker v. Savigny und Lancizolle die Ebenbürtigkeit der Radziwills begründen zu lassen. Der Vater wünschte Wilhelm sogar, daß das Gegengutachten zu einem erfreulichen Ergebnis führen möchte. Die Entscheidung wollte er nicht etwa sich vorbehalten, er bestand auf einem Conseil, der die Meinungen gegeneinander abwägen sollte. Wieder bangte Wilhelm um die Verschwiegenheit eines solchen Conseils und wohl auch um dessen Zusammensetzung, für die der Jongleur Wittgenstein die Auswahl treffen würde.

Während Lancizolle das Material zusammentrug, verfaßte Savigny den Text. Die Thesen lauteten zusammengefaßt: Polnische Fürsten sind grundsätzlich deutschen Fürsten ebenbürtig. Darüber hinaus sind die Radziwills im 16. Jahrhundert zu Reichsfürsten erhoben worden. Beides hat bereits im 17. Jahrhundert bei der Heirat einer Radziwill in das Haus Hohenzollern die Ebenbürtigkeit außer Zweifel gelassen. Wenn bei der Hochzeit der Eltern der Prinzessin Elisa auch ein Unterschied gemacht worden ist, so ist doch die Standesgemäßheit damit begründet, daß Prinzessin Luise »Königliche Hoheit« geblieben ist. Demnach steht der beabsichtigten Eheschließung kein Rechtsgrund entgegen. Weder können Deszendenz noch Sukzessionsfähigkeit aus einer solchen Ehe angezweifelt werden. Übrigens hat Elisas Bruder Boguslav in einer späteren, polnisch verfaßten Abhandlung für die Radziwills sogar den Herzogtitel beansprucht.

Prinz Wilhelm jubelte voreilig, als er die Ausarbeitung in Händen hielt, er sah plötzlich die dem Vater gegenüber erklärte Entsagung für widerrufbar an, seine Ehe mit Elisa wäre durch das Gutachten dieser hervorragenden Rechtsgelehrten nunmehr legitimiert. In einem Brief, mit dem er dem König das Votum zuleitete, heißt es: »Haben Sie die Gnade und wenden Sie eine Stunde der Muße in Teplitz dazu an, die Gutachten durchzulesen; Ihrer eigenen Weisheit muß ich dann die Entscheidung über diese Angelegenheit überlassen, die über mein Lebensglück bestimmen soll! ... Noch einmal flehe ich mit aller kindlichen Zärtlichkeit Sie an, folgen Sie Ihrer eigenen Überzeugung bei dem entscheidenden Spruch und überlassen Sie die Entscheidung nicht einer nochmaligen Prüfung des Gegenstandes durch ein Komitee ... Denn im Falle dieses Komitee eine verneinende Entscheidung abgebe, so würde dadurch das Ansehen des Radziwillschen Hauses und vorzüglich das der Prinzessin Luise persönlich vor den Augen aller gewaltsam herabgezogen.«

Der König war nicht so schnell zu überzeugen, er ließ das Gutachten durch v. Raumer beurteilen und blieb durchaus im Zweifel, wie am Ende der Spruch des Komitees ausfallen würde. Dem Sohn schrieb er: »Das Resultat scheint mir noch ebenso ungewiß als vorher, trotz des Überzeugenden, das Du in dem Memoire zu finden glaubst. Ich rate Dir also recht wohlmeinend, darauf keine zu großen Hoffnungen zu setzen, obgleich ich nichts mehr wünschen kann als daß alles nach Deinen Wünschen gehen möge.«

Offensichtlich hat der König mit seinem angeblichen Wunsch den Sohn nur hingehalten, baute er doch immer neue Hürden vor ihm auf. Wilhelm hat dies im blinden Vertrauen auf die väterliche Güte nicht bemerkt. »Ich träume nur von einer glücklichen Zukunft, denn es scheinen mir zuviel günstige Zeichen dafür zu sprechen. Wie neugeboren bin ich.« Zum besten Verfechter seiner Sache wurde der Kronprinz. Mit ihm, der beim Ableben Friedrich Wilhelms III. jederzeit den Thron besteigen konnte und willens war, Elisa dem Bruder zuzusprechen, wollte es niemand ernsthaft verderben.

Beide Parteien beriefen sich in ihrer Stimmungmache auf die moralische Autorität der Königin Luise, die auch zwölf Jahre nach ihrem Tod als eine letzte Instanz galt. Wie würde die verewigte Mutter des Prinzen Wilhelm dem König geraten haben, für oder gegen eine Ehe mit Elisa? Sooft Wilhelm zum Mausoleum am Charlottenburger Schloß pilgerte, fühlte er seine Liebe vom Segen der Mutter begleitet. Dem Großherzog Georg blieb es vorbehalten, einen einst an ihn gerichteten Brief seiner Schwester dem König zuzuleiten, wohl wissend, daß für den Witwer jedes Wort Luises dem Spruch einer Heiligen gleichkam. Als der junge Großherzog sich einem Mädchen aus niederem Adel verbinden wollte, hatte ihn die Schwester gewarnt:

»Die erste Pflicht des Menschen ist, Herr über seine Leidenschaften zu werden. Du hingegen handelst gerade diesem Grundsatz zuwider. Alles, was Du nur aufbringen kannst, tust Du, um Deinen Kopf noch mehr zu erhitzen und Deine Liebe anzufeuern. Sieh doch nur in die Zukunft. Lies darin, wie unangenehm Deine Existenz sein wird. Mit Deiner ganzen Familie brouilliert, wo wirst Du Ruhe finden? Glaube doch, lieber Georg, Papa willigt nie ein darin. Wolltest Du denn ihm Kummer verursachen? Ich bitte Dich um Gottes willen, ermanne Dich und spreche mit Dir, wie es einem Manne ziemt, der Festigkeit hat, und lasse Dich nicht so gehen wie einen Romanheld! Denke, Du lebst in einer wirklichen Welt, deren Vorurteilen und der einmal eingesetzten Ordnung Du Dich so gut unterordnen mußt wie alle anderen Menschen.«

Die Parallelität verfehlte nicht ihre Wirkung. Mit seinem Onkel Georg legte sich der Kronprinz auf das heftigste an. Der Großherzog hatte Savignys Votum als das Meisterstück eines Parteigängers heruntergemacht. Wilhelms Bruder schrieb ihm: »Wer Savigny nur ein paar Wochen kennt, wird sich überzeugen, daß ihm nichts so fremd ist als die Knifftologie, welche in dem Memoire der Herren v. Raumer und v. Kamptz so vorherrschend ist. Das sind Parteigängerstücke mit allen Attributen, nur Meisterstücke sind es Gottlob nicht. ... Beweisen Sie uns die Falschheit der historischen Tatsachen in jenem Memoire, beweisen Sie, daß die angeführten Verbindungen der ersten teutschen Häuser ... gesetzlich als Mésalliance behandelt worden sind, wie so viele andere derselben Häuser, dann, nur dann streiche ich die Segel, und Savigny, Lancizolle, Wilhelm und alle unserer Meinung Zugetanen gewiß mit mir ... Ja, liebster, verehrtester Onkel, ich bekenne frei und offen, daß ich Wilhelms und Elisas Verbindung von ganzem Herzen wünsche, so lange ich nicht widerlegt bin. Ich bekenne sogar, daß ich diese Vermählung noch aus dem Grunde wünsche, um einen teuren, sehr werten Bruder aus dem unerträglichsten aller Zustände zu ziehen, aus dem Zustande nämlich, wo man sein ganzes Lebensglück zerstören, seine ganze Zukunft gefährdet sieht, ohne von den Gründen dazu überzeugt zu sein, aus dem Zustande mit einem Wort, der an mir nagt, langsam aber sicher.«

Das war der Auftakt zu einem längeren Briefwechsel. Georgs Bruder Karl gab sich gleichfalls aktiv gegen Wilhelms Sache, er entwarf ein Gesetz für den Deutschen Bundestag, das die Erfordernisse für Ebenbürtigkeiten endgültig festlegen, das heißt, die Radziwills aussperren sollte. Auch das mecklenburgische Staatsministerium äußerte sich gegen die beabsichtigte Mißheirat, das Haus Radziwill hätte von jeher im Verhältnis der Untertanen zum Landesherrn gestanden.

Der Geheime Legationsrat v. Raumer schoß mit seiner Beurteilung der Thesen Savignys weit über die ihm gestellte Aufgabe hinaus, er versuchte sogar, den König in seinen Entscheidungsbefugnissen an die Kette zu legen: Gegen die Fundamentalgrundsätze der preußischen Hausgesetze über die Notwendigkeit ebenbürtiger Ehen und für Kinder aus unebenbürtigen Ehen die Ausschließung »vermag irgendetwas zu verändern oder aufzuheben weder eine Königliche Obervormundschaft noch Vormundschaft, noch eine von Seiner Königlichen Majestät angeordnete Autorität, noch ein agnatischer Konsens.«

Eben diesen Konsens hatte Wilhelm als letzten Ausweg dem König in einem Brief aus Florenz anheimgestellt: »Falls sich nun das Komitee verneinend ausspreche, so bliebe nur noch ein einziges Mittel übrig, mich zu dem sehnlichst gewünschten Ziel gelangen zu sehen, nämlich das der Zustimmung der Agnaten zu dieser Verbindung. Wenn dieses letztere Mittel von Ihrer Weisheit nicht verworfen würde, so wünschte ich darauf antragen zu dürfen, daß das Komitee beauftragt würde, Vorschläge zu machen, wie ein dergleichen Akt zu vollführen sei, um alle und jede bedenkliche Folge in der Zukunft für die Deszendenz verschwinden zu machen. Da dies das letzte Mittel wäre, was zu meinem zeitlichen Glück führen kann, so schlagen Sie es mir gewiß nicht ab.«

Vorher hatte der Kronprinz den Bruder gegen v. Raumer aufgebracht: »Sage aber in meinem Namen an Fürst Wittgenstein, daß ich ihn bei seiner Ehre bäte, solch schlechtes Machwerk (v. Raumers) nicht dem König vorzulegen! Der Kerl soll widerlegen; Tatsache mit Tatsache widerlegen oder das Maul halten. Das mußt Du bis zum Schwindsüchtigwerden wiederholen, um Deiner Ruhe willen, lieber, guter Wilhelm!«

Der König blieb von alledem ungerührt und wechselte auf der ganzen italienischen Reise, die sich über fünf Monate hinzog, mit Wilhelm kein Wort über dessen Lebensfrage.

Kronprinz Friedrich Wilhelm

Die Stöße von Folioblättern voller Gelehrsamkeit ermüdeten den Vater, er ließ sich die Kernpunkte durch v. Schilden vortragen, einen emsigen Drahtzieher, der bei den Radziwills »der Sündenbock« hieß. Den Januskopf Wittgenstein nannten Wilhelm und seine Brüder unter sich »Pimperle«. Der Hausminister war klein und dicklich geraten und galt als sehr wankelmütig.

Aus Italien gibt es eine Fülle von Briefen des Prinzen Wilhelm. An die Mutter Elisas schrieb er zweimal die Woche. Seine lebhaften Berichte lesen sich anschaulich, das Thema Elisa bestimmte auch seine Korrespondenz mit der Schwester Charlotte. »Wie oft wünschten wir Euch – und ich die teure Geliebte!! – zu uns, um unser Entzücken zu teilen!« Oder: »Wie muß ich beständig Elisas gedenken, bei allem Herrlichen!«

Für viele andere stehe ein Brief aus Neuchâtel an die Tante Luise: »Hier aus dem Fenster die Aussicht auf die ganze Alpenkette in der herrlichsten Beleuchtung, so daß sich die ungeheuren Eismassen im Neuchâteller See spiegeln, obgleich sie noch acht Meilen und weiter entfernt sind, ist ein Anblick, den man genossen haben muß, um ihn zu begreifen! Sogar der Montblanc prangt in seiner ganzen Eispracht. Wenn ich doch dies imposante Schauspiel Elisa recht vergegenwärtigen könnte, um ihr begreiflich zu machen, wie bei jedem neuen herrlichen Anblick immer der Gedanke an sie, und der: wenn sie doch dies mit mir sehen könnte, vor der Seele schwebt! ... Gestern hätte ich um ein Haar ein großes Unglück haben können, indem der Wagen an einer précipice so nahe ranfuhr, daß die linken Räder schon runter waren und die rechten in der Luft und nur die Bedienten den Wagen durch ihre Kraft vom Umschlagen retteten; Natzmer und ich saßen auf dem Bock und sprangen mit einem gehörigen Satz hinunter, ohne uns zu beschädigen. Ich habe Gott inbrünstig gedankt für die Errettung von dieser Lebensgefahr. So leicht habe ich nicht Angst, aber diesmal, muß ich gestehen, glaubte ich einem großen Unglück entgegenzusehn – aber Elisas Bild stand mir während der Gefahr stets vor Augen; vielleicht war sie mein Schutzengel, wie sie immer mir vorkommt.«

Am gleichen Tage, nein, zur gleichen Stunde wurde im fernen Fürstenstein die Familie Radziwill bei einem schweren Steinschlag, der zwischen der Ausflugsgesellschaft niederging, wie durch Himmelsfügung vom Schlimmsten verschont. Nur Elisas Bruder Wilhelm erlitt eine Verletzung am Arm. Nach dem Verständnis Elisas hatte Gott über die Liebenden gewacht. In jeder sternhellen Nacht blickte sie zur Kassiopeia hinauf und war im W dieses Sternbildes dem Italienfahrer verbunden.

Wilhelm ist durch sein ganzes Leben von Unfällen heimgesucht worden. »Wenn eine kaiserliche Marinetreppe unter mir zusammenbricht, wenn ein großherzogliches Dach mir auf den Kopf fällt, wenn ein kaiserlicher Jäger mich blessiert und wenn zwei Pferde, mit denen ich seit einem halben Jahr täglich fahre, unruhig werden, so ist das alles, glaube ich, nicht meine Schuld.« An Natzmer schrieb er Jahrzehnte später: »Ihre Teilnahme bei meinem 100. Accident veranlaßt mich zu erwähnen, daß ich noch immer nicht, ohne zu lahmen, gehen kann und namentlich die Treppe wie ein Kind hinaufsteigen muß.« Die Zahl 100 übertrieb, aber ein Hundebiß in Petersburg 1817, ein Jagdunfall, der einen Schuß in den Finger auslöste, insgesamt fünf Attentate, viele Stürze vom Pferd – Wilhelm ist physisch im Leben arg geschunden worden.

1823

»Dürfte ich mich doch bald Ihren Sohn nennen«, hatte Wimpus der Tante aus Venedig geschrieben. Am Neujahrstage 1823 heißt es in einem Brief an sie aus Pisa: »So ist denn mit dem gestrigen Tage das schwere Jahr verflossen, in welchem ich der frohen Tage nur wenige zählte, und wenn selbst schöne Augenblicke eintraten, so wie dies in den ersten Monaten und im Juni des Jahres der Fall war, so waren doch auch dies Freuden, die mit sehr gemischten

Gefühlen genossen wurden! Der Himmel gebe, daß eine heitere Zukunft mir mit dem heutigen Tage anbreche! Der erste Rückblick, den ich gestern abend hier in der Einsamkeit auf das verflossene Jahr warf, wie ergreifend mußte der nicht sein? Jeden merkwürdigen Augenblick und jedes Ereignis, welches mein Schicksal leitete, ließ ich in Gedanken bei mir vorübergehen, und ganz überließ ich mich der tiefen Wehmut, die in so mancher schweren Stunde meinem Herzen wohltat. Dann wandte ich aber den Blick nach oben, wo alle Tränen getrocknet werden, und ein Dankgebet sandte ich zum Höchsten, denn Er verleihet mir und uns ja nun freudige Aussichten. Denn Er hat mir ein Herz zugewandt, dem wenige auf Erden gleichen, ach, dessen ich wahrlich nicht wert bin! Oft fasse ich das Glück kaum, daß ich sie mein nennen darf.«

Elisas andauernder Aufenthalt in Posen brachte sie dem polnischen Wesen näher. Sie bekannte, daß in ihr etwas von polnischem Patriotismus wüchse, sie sang polnische Lieder wie »Cieszmy sic stodką nadzieją« oder »Zosiu, Zosiu moja luba« und hatte der Freundin nach Berlin geschrieben: »Es freut mich so, daß meine liebe Lulu so von einigen liebenswürdigen Polen geschätzt wird und, wie ich hoffe, sie wieder zu schätzen weiß. Es gibt recht viel Liebenswürdige und Edle unter ihnen. Wenn man in der Geschichte weiterschreitet, meine Lulu, gewinnt man eine lebhafte Teilnahme für die arme, sonst glorreiche Nation.«

Mehr noch, Elisa wünschte der Freundin die Verlobung mit einem adeligen Anhänger der polnischen Nationalpartei, der wegen Agitation in Berlin von der Universität verwiesen worden war. Sie hätte ihm einen Brief von Papa versprochen, der ihn in Berlin sicherstellen würde. »Er liebt

Dich, Lulu, er liebt Dich; ich kann es nur mit Wilhelms Liebe vergleichen.« Als der Bruder von Luise v. Kleist die Verbindung vereitelt, kommt es zum Zerwürfnis zwischen den Eltern der Brautleute, und Elisa ist untröstlich über diesen preußischen Affront gegen ihren polnischen Gast, als wäre damit auch das eigene Schicksal entschieden.

Im Juli hatte Elisa noch geschrieben: »Was meine andern Träume und Hoffnungen anbetrifft, so glimmerte vor kurzem ein Licht, das recht helleuchtend zu werden versprach, weshalb ich lange schwieg, da ich keine Details geben konnte.« Gemeint war eine Reise ihres Vaters nach Petersburg, die sich von Zar Alexander die Bestätigung der historischen Souveränität des Hauses in Litauen erhoffte, während es in Berlin vergeblich um die deutsche Reichsstandschaft ging. In Verona hatte sich Alexander der Herzensangelegenheit Wilhelms gewogen gezeigt und damit in den Augen des Königs ein sehr ernst zu nehmendes Gegengewicht gegen die Mecklenburger gebildet. Das Ergebnis von Antons Bemühungen fiel mager aus. 1824 bestätigte der Zar lediglich Antons Fürstentitel, eine Erhebung Elisas zur Herzogin von Kurland erwies sich als Produkt der Gerüchteküche.

Prinzessin Luise hielt den Prinzen Wilhelm weiterhin fest an sich gebunden. »Wenn Gott gnädig Deine Wünsche erhört, wer könnte mit so fester Überzeugung das Glück seines Kindes einem Manne anvertrauen als ich? Bange sah ich oft in die Zukunft, als Elisa sich zu entwickeln anfing. Mir graute zu denken, daß ich einst die Sorge, die Liebe und Pflege fremden Händen würde anvertrauen müssen, die vielleicht rauh mit dem umgehen würden, was ich so zärtlich hegte. Als Du nun schienst sie zu lieben, da wendete sich alle meine Aufmerksamkeit zu Dir hin. Jahre verstrichen, aber immer lieber wardst Du mir. Es kamen die Zeiten der Prüfung und des Kummers – treu bewährtest Du Dein Herz, und in der ganzen Welt weiß ich nicht einen, dem ich meine Rechte auf Elisa mit solchem freudigen Zutrauen abträte. Könnte ich Dich aus Deinen Verhältnissen herauszaubern, wie gern täte ich es und bewies Dir, daß nicht der Königssohn, nicht Deine Lage uns die Vorzüge scheinen, die wir lieben!« Die Fürstin Radziwill aus dem Hause Hohenzollern wollte auch um hohen Preis die Tochter Elisa ins preußische Königshaus zurückführen. Nach Schwiegermütterart liebte sie den Bräutigam mit den Augen der Tochter, Elisa war in das Verlöbnis eher passiv hineingeraten.

Der Kronprinz versenkte sich mit Feuereifer immer tiefer in die Materie. Dem übelmeinenden Großherzog Georg schrieb er: »Ich habe mühsam geprüft und geforscht, ganz allein, mit Fleiß ganz allein, um meiner selbst und der Sache willen. Wie dumm und unwissend die Scribler des Hausministerii über französische, polnische, ja sogar hin und wieder über teutsche Geschichte, vor allem aber über die Radziwillsche Familiengeschichte sein müssen, übersteigt allen Glauben.«

Wilhelms Bruder wußte sehr wohl zu unterscheiden. Juristisch hielt er Wilhelms beabsichtigte Ehe für unanfechtbar, wenn die Agnaten auf Königs Geheiß zustimmten. Politische Bedenken verhehlte der Thronfolger dagegen nicht: »Ich halte aber diese Verbindung an sich betrachtet gar nicht zu den wünschenswerten und unserem Haus passenden, ja sogar zu denjenigen, die der Regel nach sorgfältig vermieden werden müssen, weil das Haus Radziwill nicht zu solchen zu zählen ist, die man in der Hofsprache gewöhnlich und sehr richtig mit dem Namen ›Gute Häuser‹ bezeichnet.«

Das klingt sehr hochmütig, wenn man weiß, wie der Kronprinz seinem Bruder nicht nur von Elisa, sondern von der ganzen Familie Radziwill geschwärmt hat, in deren Haus er während Wilhelms Abwesenheit täglich ein- und ausging. Am Ende seiner Stellungnahme empfahl er jedoch dem Conseil, sich nur auf die für ihn eindeutige Rechtsfrage zu beschränken und die moralischen und politischen Rücksichten allein der Weisheit seiner Majestät zu überlassen.

Der König war des Berliner Parteienhaders müde, Wittgenstein sollte nun einen auswärtigen Rechtsgelehrten beiziehen. Die Wahl fiel auf den Geheimen Justizrat Schmelzer, Professor an der Universität Halle. Das Hauptthema lautete, ob die reichsfürstliche Würde ohne Landeshoheit Ebenbürtigkeit erkennen ließe. Daneben erbat sich Wittgenstein, nur zum eigenen vertraulichen Gebrauch, die Prüfung, ob eine Adoption Auswege böte. Das war ein neues Stichwort, nachdem selbst Wilhelms Anhänger zunehmend geraten hatten, das Vertreten der Ebenbürtigkeit fallenzulassen. Nur noch für den Prinzen selbst blieb es der Ehrenpunkt, von dem er nicht abgehen wollte.

Elisas Mutter war die einzige, die nicht um den heißen Brei herumstrich, weil sie die Natur des Königs längst erkannt hatte. Sie schrieb Wilhelm: »Er wünscht nur, daß andere und nicht er das Nein aussprechen und Du so aus der Angelegenheit herauskommst.« Und schon einen Monat vorher: »Den Glauben, daß Elisa und wir dem König nicht angenehm sind, den nimmst Du mir nicht.« Dieses Urteil geht hinsichtlich Elisas und wohl auch Luises in die Irre, für

Anton Radziwill und seine polnischen Freunde trifft es mit Bestimmtheit zu. Deshalb weigerte sich die Fürstin auch, mit Elisa zur Hochzeit des Kronprinzen in Berlin zu erscheinen, sie wollte sich keinen Demütigungen aussetzen.

Kurz vor Weihnachten war Schmelzers Gutachten abgeschlossen. Es folgerte aus der Deutschen Bundesakte und dem Staatsrecht der Bundesstaaten in seiner Schlußfeststellung: »Die Vermählung eines Königlichen Prinzen von Preußen mit einer Prinzessin Radziwill ist eine Mißheirat. Es gibt mehr als dreißig evangelische souveräne Fürstenhäuser, aus denen gewählt werden kann, ohne daß nur irgend ein Zweifel über diese Wahl obwaltet.«

Dieses Gutachten traf den Prinzen Wilhelm wie ein Keulenschlag. Einige Wochen vorher hatte er eines der wenigen direkten Billetts von Elisa empfangen: »Hier findet Wilhelm meinen Dank, ich kann nichts anderes hinzusetzen, denn mein Dank muß überschwänglich sein für sein liebes Blümchen und seine noch lieberen Worte. Sie ruhen in dem Buche, wo ich alle seine Angedenken treu aufbewahre. O! Gott segne ihn und mache ihn glücklich! – ist das Gebet Seiner treuen Elisa!«

Am ersten Weihnachtstag 1823 befahl der König den Sohn zu sich, äußerst gereizt über einen Brief Wilhelms. Hierin hatte Wimpus darauf anzuspielen gewagt, daß ja auch die Kronprinzessin, die sonst die ausgesprochene Billigung des Vaters fände, mit den Radziwills verwandt wäre. Der König bedeutete dem Sohn, nunmehr sollte die Kommission sprechen, aber selbst, wenn sie zugunsten Wilhelms urteilte, bliebe die Entscheidung beim Familienoberhaupt.

Im Januar faßte der Kronprinz den düsteren Ausklang des vergangenen Jahres in einem Brief an den Großherzog Georg zusammen: »Mein armer teurer Wilhelm ist in einer sehr trüben, unglückseligen Stimmung. Sie müssen das von jemand wissen, der ein Herz im Leibe hat, damit Ihr liebevolles Herz ihm Mitgefühl und Liebe zeige, hier, wo er jetzt wirklich das Unglaubliche ertragen muß. Der König, der sonst nur gütig und mitleidig, ja, so oft hoffnungserregend mit ihm über seine Herzensangelegenheit sprach, ist ganz umgewandelt gegen ihn. Alles ist aus mit ihm, seine schönen Hoffnungen dahin. Sei's! Das durfte er wohl erwarten, und er dachte zu vernünftig, um darauf nicht gefaßt zu sein. Aber die Art! Die Art! Der König hat auf die gereizteste Weise mit ihm gesprochen, hart und aufgebracht, ohne Spur von Teilnahme, von Glauben an sein Leiden. Wilhelm ist wie vernichtet.«

Der Thronfolger vermochte dem Elend des Bruders nicht länger zuzusehen. Er verschwor sich mit ihm und Elisas Mutter, den König zur Entscheidung zu zwingen. Beide sollten sich in Bittbriefen an die Majestät wenden, um der jahrelangen Ungewißheit ein Ende zu bereiten. Wilhelm und die Prinzessin Luise hatten dem Butt ihre Entwürfe vorzulegen, er besorgte die Redaktion. Friedrich Wilhelm fehlte es nicht an Gespür, wie man seinen Vater einzunehmen hätte. Wilhelm riet er zu mehr Herzlichkeit im Ton, der Prinzessin strich er Passagen der Bitterkeit. Das Terzett tauschte die Korrekturen untereinander aus, die beiden Schreibenden mußten die endgültige Fassung, die der Butt vorm Abgang noch einmal billigte, von neuem niederlegen.

Anfang Februar waren die Texte in den Händen des Königs. Sie folgen hier in vollem Wortlaut.

»Seit dem ersten Weihnachtsfeiertag, an welchem ich mit Ihnen, teuerster Vater, über meine Angelegenheit, die mich nun bereits seit zwei Jahren in der bangesten Ungewißheit erhält, jene für mich unvergeßlich schmerzliche Unterredung hatte, bin ich fortwährend bis diesen Augenblick mit derselben beschäftigt gewesen; denn einen entsetzlichen Kampf hat es mir gekostet, den wahren Stand der Sache anzuerkennen. Ich habe mich nun aber überzeugt, nachdem ich mir die ganze Vergangenheit zurückgerufen habe, daß die Gefühle Ihres Vaterherzens nicht minder mit den Rücksichten, welche Sie als König zu nehmen haben, in schwerem Kampf gestanden, den Sie jedoch endlich zu Gunsten dieser Rücksichten schlichten zu müssen geglaubt haben. Ein Verkennen dieses doppelten Verhältnisses und meiner Stellung zu Ihnen als Sohn würde es sein, wenn ich mich länger mit noch so teuren Hoffnungen täuschen wollte.

Aus jener letzten Unterredung habe ich geglaubt, die Überzeugung schöpfen zu müssen, daß Sie die Verbindung, von welcher ich das Glück meines Lebens erwarte, unter keiner Bedingung zugeben werden. In den früheren Unterredungen glaubte ich aus Ihren väterlich teilnehmenden Äußerungen die Hoffnung nähren zu können, als würde ich auf Ihre Einwilligung rechnen dürfen, sobald die obwaltenden Hindernisse aufgeklärt und hinweggeräumt sein würden; ich glaubte es wagen zu dürfen, mit Vorschlägen zu Arrangements vorzutreten; doch Sie haben dieselben als gefährlich und auch mit großen Unannehmlichkeiten verbunden für unanwendbar erklärt. Ich stehe daher von diesem allen ab, da die von mir gewonnene Überzeugung über alles entschieden hat, daß für Ihr Gefühl viel Peinliches in dieser Verbindung liegt. Mit blutendem Herzen gebe ich daher die teuerste Hoffnung meines Lebens auf, von deren Erfüllung ich bisher wähnte, daß auch Ihr Leben dadurch erheitert werden würde!

Wenn ich also Ihren Willen recht erkannt habe, so sehen Sie, teuerster Vater, ein Verhältnis als abgebrochen an, das ich mit dem Gefühl reinster Liebe als rechtlicher Mann bis zu dem Augenblick, wo mir jede Hoffnung schwindet, unterhalten zu dürfen glaubte. Dieser Augenblick ist nun eingetreten! Daß es außer meiner Macht und Kraft liegt, von selbst dies mir ewig teure Verhältnis aufzugeben, das werden Sie gewiß ganz begreifen, da Sie jahrelang meine unwandelbare Neigung beobachteten, die keine flüchtige und momentane sein konnte, da sie auf Achtung eines selten vollkommenen Wesens begründet war, von dem mich loszusagen mir erst zu einer Zeit geboten ward, wo meine Gefühle schon tiefer in mir wohnten als ich es selbst ahndete! Nur Ihr väterlicher Wille allein, dem ich gewiß ewig den kindlichsten Gehorsam zeigen werde, ist vermögend, dies Verhältnis aufzulösen! Wie sehr Sie gewünscht hätten, mein Glück durch Ihre Einwilligung in diese Verbindung begründen zu können, davon haben nur zu oft Ihre liebevollsten väterlichen Äußerungen mich auf das Bestimmteste überzeugt und mich zur kindlichsten und gerührtesten Dankbarkeit verpflichtet!

Als ein zu meiner Beruhigung beitragendes Mittel haben Sie mir die Berufung einer Kommission geschildert, welche über die Rechte der Radziwillschen Familie sprechen soll. Wie oft ich Sie mündlich und schriftlich angeflehet habe, diesen Schritt nicht zu tun, werden Sie sich erinnern. Noch einmal muß ich diese Bitte an Ihr Herz legen und mir die Nichtberufung dieses Komitees erflehen. Möchten Sie doch in dieser erneuerten Bitte sowie in jeder Vorstellung gegen diesen Schritt den einzigen leitenden Grund erblicken, nämlich den: durch einen ungünstigen Ausspruch eine Familie, der eine Prinzessin aus unserem Hause angehört, nicht verletzt zu sehen. Ich glaube, daß die Familie selbst, wenn sie einen dergleichen Ausspruch in Erfahrung bringt, dies Verfahren nicht ruhig über sich ergehen lassen wird, da durch dasselbe das Ansehen der Familie und das der Prinzessin Luise persönlich vor den Augen aller herabgezogen wird; denn durch das lange Verzögern hat diese Angelegenheit aufgehört, ein Geheimnis zu sein und die allgemeine Aufmerksamkeit und Teilnahme auf sich gezogen. Und welche Folgen würde dieser Schritt aus denselben Gründen, für die Prinzeß Elisa haben?! Wie muß sich ihre Zukunft gestalten, wenn man weiß, daß durch einen Spruch eines solchen Komitees ein solches Licht auf ihre Familie geworfen ist? Denn daß man nicht überall bisher die Ansichten teilt, welche man in Berlin über jene Familie aufstellt, beweisen die Bewerbungen von erlauchten Häusern, welche in der allerneuesten Zeit an sie gegangen sind. Möchten doch alle diese Aussichten, die ich nicht genug Ihrem tiefen Gefühl für Schonung ans Herz legen kann, Eingang bei Ihnen finden und die Berufung des Komitees unterbleiben!

Diese Zeilen werden Ihnen von neuem die Überzeugung geben, daß ich mit dem kindlichsten Gehorsam mich jedem Ihrer Briefe unterwerfen werde, selbst wenn sie das Schwerste erheischen, und daß ich nur dann allein wahrhaft glücklich sein kann, wenn ich in Verhältnisse trete, die Ihren väterlichen Wünschen genehm sind! Denn Ihre Gnade, Liebe und Zufriedenheit mir zu erhalten, muß mir ja über alles gehen! So schließe ich denn diese Zeilen, in denen ich die schönsten Hoffnungen meines Lebens aufgebe, wenn auch nicht meine Gefühle, mit großer Bewegung, da ich Ihren Wunsch und Willen erkannt habe. Mit dem tiefsten kindlichen Gefühl bitte ich Sie um Verzeihung, teuerster Vater, für die viele Unruhe, welche ich diese Jahre hindurch Ihnen verursachen mußte. Vermöchte ich doch durch mein ganzes ferneres Verhalten Ihnen stets die kindliche Liebe zu beweisen, die nie in mir ersterben wird!

Ihr Sie zärtlichst liebender gehorsamer Sohn Wilhelm.«

Kein Wort der Forderung enthielt Wilhelms Appell an das väterliche Herz, er fleht nur, dem Conseil aus dem Wege zu gehen. Das ist auch der Kern von Luises Anrufung. Sie schrieb:

»Allergnädigster König!

Nach zwei bangen Jahren fühle ich mich veranlaßt, ein Stillschweigen zu brechen, welches ich mir aus Pflichtgefühl und aus treuer inniger Verehrung für Eure Majestät auferlegt hatte. Mit tief bekümmertem Herzen ergreife ich die Feder! Lesen Sie, teurer verehrter König, diese Zeilen mit Huld und Nachsicht! Eure Majestät wissen, wie lange Prinz Wilhelm, uns unbewußt, eine Neigung für meine Tochter hegte, von der ich durch den Großherzog von Strelitz die erste Ahndung bekam; ich gab mich dieser schönen Hoffnung nicht hin, wohl fühlend, wie schmerzlich eine Täuschung uns werden könnte.

Seit jener kummervollen und doch in mancher Hinsicht noch schönen Zeit, wo wir Eurer Majestät nach Memel folgten, war zwischen den teuren Kindern Eurer Majestät und den meinen ein freundliches Verhältnis entstanden, welches uns beglückte – ich fand und suchte in dieser Zuneigung nur kindliche Freundschaft. Da aber meine Sorge erwachte und die Prinzen unser Haus oft mit Ihrer Gegenwart erfreuten, sprach mein Mann zu seiner Beruhigung mit Fürst Wittgenstein und erbat sich von seiner Freundschaft, im Fall in unserm Hause irgend etwas Eurer Majestät mißfällig sein könne, es uns als Freund zu sagen – es scheint nicht, daß er dazu Veranlassung fand, und ich war beruhigt. Später war der Großherzog so gütig, mir teilnehmend über diese Angelegenheit zu schreiben. Er schien zu hoffen, daß die Hindernisse nicht unüberwindlich wären und machte mir über die Familie des Prinzen Anton Radziwill Mitteilungen, die ich zwar kannte, die aber nun höheren Wert in meinen Augen erhielten. Prinz Wilhelms Herz zu beurteilen vermochte ich nicht. Er sprach sich nie durch ein Wort aus, und es waren nur Augenblicke, wo sich seine Gefühle verrieten. Durch den Kampf, der in meiner Tochter Herz durch des Prinzen wechselnde Gefühle entstand, ward ich unschlüssig, ob während der Anwesenheit der Großfürstin in Berlin und im Jahre 1822 es nicht besser sei, nicht hinzugehen.

Doch des Prinzen Briefe gaben mir keine Veranlassung, an eine Annäherung seinerseits zu glauben, ich unterdrückte meine Sorge und genoß das Glück, Eurer Majestät mich zu Füßen zu legen. Ich blieb einige Zeit unwissend dessen, wovon das Publikum sich schon unterhielt: Eure Majestät wissen, durch welchen Zufall Prinz Wilhelm mich unter-

Fürstin Luise Radziwill

richtet glaubte und die traurigen Auftritte, die im März erfolgten. Das Zeugnis meines eigenen Herzens, treu meine Pflicht gegen Eure Majestät und Ihren teuren Sohn erfüllt zu haben, gab mir Kraft in jener schmerzlichen Zeit, wo unsere Lage der Gegenstand allgemeiner Aufmerksamkeit geworden war. Eure Majestät befahlen mir damals, nichts in meinen Verhältnissen mit dem Prinz zu ändern. Er fuhr fort, mir zu schreiben, und dem Befehl Eurer Majestät gemäß blieb ich in Berlin, als der Prinz zurückkehrte. Doch bereute ich es, denn sein Kummer erwachte von neuem. Wäre mir in jener Zeit ein Zeichen geworden, daß Eure Majestät persönlich den Wünschen des Prinzen abgeneigt wären, wir hätten nie Seine neu erwachten Hoffnungen geteilt: wer könnte es wagen, gegen die Absichten eines Vaters diesen Wunsch zu hegen, wenn selbst dieser Vater nicht unser König und Herr wäre!

Doch der Prinz schied nicht hoffnungslos von uns; nach einer Unterredung mit Eurer Majestät, die Ihn mit Liebe und Dankbarkeit durchdrungen, hoffte er von Höchst Ihrer gnädigen väterlichen Fürsorge die Beseitigung der Schwierigkeiten, die sich seinen Wünschen entgegenstellten. Ich blieb absichtlich entfernt, wohl fühlend, daß die Willensäußerung Eurer Majestät durch meine Gegenwart erschwert wurde. So blieb ich zwei bange Jahre in Erwartung des Schicksals meines Kindes und täuschte mich nicht über die Zukunft, die ihrer nach so langer und vielleicht zerstörter Hoffnung wartete. Solange Prinz Wilhelm das Herz Seines so innig geliebten und verehrten Vaters Seinen Wünschen geneigt glaubte, hofften wir mit Ihm und stellten Gott und Eurer Majestät alles anheim. Seit aber der Prinz mir schreibt, daß Er nach einer Unterredung, die er kürzlich mit Eurer Majestät gehabt, keine Hoffnung mehr hat und daß Höchstdieselben sich selbst gegen Seine Wahl ausgesprochen und Er, wie es Ihm Pflicht und kindliche Liebe gebeut, dem Gehorsam gegen Eurer Majestät höchsten Willen Seine Hoffnungen aufopfert, da halte ich es für meine Pflicht, dem tief bekümmerten, mir so teuren Prinzen diesen Schritt zu erleichtern und Eure Majestät untertänigst zu bitten, mir gnädigst zu sagen, ob der Prinz Ihren Willen nicht mißverstanden? Dann ist das Schicksal meiner Tochter entschieden!

Eure Majestät waren stets mein gnädiger König und Ihr Wunsch uns Befehl. Ersparen Sie uns die fremde Beurteilung einer Kommission, die nur kränkend für uns ausfallen könnte, sobald das Herz Eurer Majestät gesprochen und Ihr Beifall den Prinzen nicht mehr beglückt. Eure Majestät sind König und Vater, zu Ihnen wage ich mit Vertrauen zu sprechen, Ihrem Willen unterwerfen wir uns mit zerrissenem Herzen, aber mit dem treuen Gehorsam und der innigen Verehrung, mit der ich in tiefster Ehrfurcht ersterbe

Eurer Königlichen Majestät untertänigste treu gehorsamste Cousine und Dienerin Luise von Preußen Prinzessin Radziwill.«

Den Leser von heute muten die beiden unterwürfigen Briefe befremdend an. Eine Kusine unserer Tage würde dem Vetter, der sie durch unentschlossenes Verhalten über Jahre gepeinigt hat, heimleuchten. Übrigens war die Fürstin Luise Radziwill die Tante des Königs. Friedrich Wilhelm III. ließ sich durch den untertänigen Tenor nicht herauslocken, er wich der Bedrängnis aus, indem er auf die Anrufungen schwieg. Erst zweieinhalb Jahre später, als er sein endgültiges Nein sprach, bezog er sich auf diese Briefe. Prinzessin Luise verbarg Elisa die Enttäuschung: »Ich habe ihr nur im allgemeinen erzählt, wie alles sich einer Entscheidung und einer ungünstigen nähert. Sie ist fromm und Gott ergeben. Doch ist nicht jede Hoffnung unterdrückt wie in meinem Herzen.«

Wilhelm äußerte seine Verzweiflung dem Freunde v. Natzmer: »Auch diese Mittel haben noch nicht zum Ziele geführt, denn seit drei Wochen sind jene Briefe beim König, der sie sehr gut aufgenommen hat – aber noch keine Entscheidung treffen will! Er will noch nach diesem fragen und nach jenem, kurzum nur Aufschub; aber das entsetzlich Peinliche meiner hoffnungslosen Lage wird nicht berücksichtigt.«

Wittgenstein, der Ungelegenheiten mit den Prinzenbrüdern befürchtete, war es nicht gelungen, den König vom Conseil abzubringen. Im Juni fällte die auf Kabinettsorder einberufene Kommission von sechs Staatsministern und dem Grafen v. Gneisenau nach zwei kurzen Sitzungen ihren Spruch, wonach bei der Vermählung der Prinzessin Luise von Preußen mit dem Prinzen Anton Radziwill von der Unebenbürtigkeit ausgegangen worden wäre. General Gneisenau stimmte als einziger gegen das Gutachten der Minister. Ihm lag an einer Schonung der Familie Radziwill. Die Ehe wäre nicht ausgesprochen unebenbürtig, allenfalls ungleich zu nennen. Das Vorgehen Sr. Majestät, Friedrich Wilhelm II., müßte nachträglich auf Rechtlichkeit hin untersucht werden. Wiewohl Gneisenau die Prinzessin Elisa für ebenbürtig hielt, empfahl er, den obwaltenden Meinungen zu begegnen, indem der König Elisa adoptieren möchte.

Mit Recht warnte Schilden vor diesem Schritt, denn Prinz Wilhelm könnte nicht seine Adoptivschwester heiraten. Wittgenstein lenkte den Adoptivgedanken in verschiedene Richtungen. Das Grundsätzliche ließ er durch ein Gutachten des Geheimrats v. Kamptz klären. Kamptz hielt bei Adoption einer weiblichen Person die Entscheidung des Königs für hinreichend, bei einer männlichen wäre die Zustimmung aller Agnaten erforderlich. In der Abwägung, wen man als Adoptivvater vorsehen könnte, verfiel Wittgenstein auf den Prinzen August v. Preußen, den Bruder der

Fürstin Luise Radziwill. Der Ausersehene mußte kinderlos und vermögend sein, da er ja für die Aussteuer zu sorgen hatte, wenn Elisa aus dem Familienverbande der Radziwills ausschiede.

Nun war aber Prinz August für eine solche Aufgabe denkbar ungeeignet. Alte Erbstreitigkeiten sorgten für ein gespanntes Verhältnis zu seiner Schwester, sein Lebenswandel als stadtberüchtigter Schürzenjäger, dessen unehelichen Kinder nicht zu zählen waren, wäre Hohn für Elisas Sittsamkeit gewesen. Gleichwohl fädelte Wittgenstein heimlich hinter dem Rücken von König und Prinz Wilhelm die Sache ein.

Der König suchte seinerseits den Kaiser Alexander für die Adoption zu gewinnen. Böte diese höchste Autorität in Europa ihm Elisa zur Gemahlin des Sohnes an, wollte er sich dankbar beugen. Wiederum gab damit Friedrich Wilhelm III. die Entscheidung in andere Hände. Die Gelegenheit ergab sich bei einem schlesischen Besuch des Großfürsten Nikolai und der Großfürstin Alexandra, wie Wilhelms Schwester Charlotte in Petersburg hieß. Die Romanows und Hohenzollern versammelten sich anfangs bei Prinzessin Marianne in Fischbach, später bei den Radziwills in Ruhberg. Nur Prinz Wilhelm fehlte. Er war zu den Korpsmanövern bei Liegnitz abkommandiert, der König, der Elisa jahrelang nicht gesehen hatte, wollte sich ein persönliches Bild von ihr machen, Wilhelms Anwesenheit hätte die ruhige Betrachtung des »Gegenstandes« gestört.

Elisa schildert die Begegnung mit Wilhelms Vater: »Mir wankten etwas die Knie. Ich trat heran, er gab mir die Hand und umarmte mich wie gewöhnlich. Sein Gleichmut und seine Heiterkeit halfen Mama und mir bedeutend. ... Oft aber ruhte sein Auge auf mir – wie forschend – und es ist nicht Einbildung. In Fischbach bemerkten es nachher mehrere, und beim Diner und Souper begegneten unsre Blicke sich oft. Ich will nicht leugnen, daß ich mir an jenem Tage Mühe gegeben hatte zu gefallen, daß ich das einfachste Kleid, aber auch dasjenige aussuchte, das mir am besten stand: Ein weißes Kreppkleid mit goldenen Streifen besetzt und kurzen Ärmeln und nichts in den Haaren. Meine innere Bewegung und der Kampf, eine Rührung zu verbergen, die einen schlechten Eindruck gemacht haben würde, ließen mich farbenlos... Nach dem Essen nahm er von uns Abschied. Er küßte mich wieder und drückte mir die Hand, indem er sie rasch weg zog, sich wandte und die Stube verließ.«

Das schnelle Zurückziehen der Hand ist von Elisa fein beobachtet worden, der König wollte nicht zeigen, wie günstig sein Eindruck von Elisa ausgefallen war. Er gab Nikolaus für dessen Bruder, den Zaren Alexander, ein Handschreiben mit, das den Empfänger »en sa qualité de Duc de Holstein« ansprach und um Adoption Elisas bat. Der König hoffte auf diese Weise der polnischen Prinzessin die nach dem Gutachten versagte Zugehörigkeit zu einem Hause der deutschen Reichsstandschaft zu verschaffen. Willigte der Kaiser ein, so würde man um eine Zustimmung auch des Königs von Dänemark und des Herzogs von Oldenburg bemüht sein.

Alexander, der Wilhelms Liebe zu Elisa durchaus begünstigte, vermochte auf die Bitte des preußischen Königs nicht einzugehen, hatte er doch seinen Bruder Konstantin eben wegen einer unebenbürtigen Ehe mit der polnischen Fürstin Lowicz von der Thronfolge ausgeschlossen. Diesen eigentli-

Prinzessin Charlotte von Preußen

chen Grund, den Wilhelms Vater vorher hätte bedenken müssen, erwähnte der Zar taktvoll nur am Rande. Statt das Ansinnen deshalb auszuschlagen, verwies er auf den Vertrag von Zarskoje Selo aus dem Jahr 1773, durch den sein Vater zugunsten der jüngeren Linie der Herzöge von Delmenhorst auf Holstein verzichtet hätte. Auch wenn er weiterhin Haupt des Hauses Holstein wäre, schlösse dies nicht die rechtliche Befugnis ein, Fremde am Rang der Familie teilnehmen zu lassen. Ja, er zog die Wirksamkeit einer Adoption für die Ebenbürtigkeit grundsätzlich in Zweifel, überdies blieben auch noch Schweden und die Agnaten Holstein-Gottorps zu befragen. Der Rat an den König, sich wegen einer Belehnung des Fürsten Anton an das Haus Habsburg zu wenden, ließ sich in Berlin nicht ernst nehmen. Solches Ersuchen hätte bedeutet, Österreich ein Vorrecht im Deutschen Bund einzugestehen. Des Königs Plan war gescheitert, der Hausminister Fürst Wittgenstein legte nun die Karte Prinz August auf den Tisch.

August, seiner Nichte Elisa schon immer zugetan, war einverstanden. Am 28. Dezember schrieb er seiner Schwester Luise einen von Wittgenstein aufgesetzten Brief, in dem er sich zur Adoption bereit erklärte, falls der König zustimmte. Aus eigenem Entschluß verpflichtete er sich, der Prinzessin eine Mitgift von zwanzigtausend Reichstalern auszusetzen.

1825

Das Jahr begann dramatisch. In den ersten Tagen rang man sich im Posener Familienrat, Elisa war dabei zugegen, zur Annahme von Augusts Anerbieten durch, so unwillkommen die Person gerade dieses Prinzen war. Als Wimpus erfuhr, daß man seinen Großonkel August zur Adoption vorgesehen hätte, wußte er noch nichts vom Einverständnis der Radziwills und empörte sich gegen Wittgensteins Absichten. Er hielt den als Artilleriegeneral verdienten Prinzen in jeder sonstigen Hinsicht für unzumutbar. Wenn Prinz Wilhelm d. Ä., der Gemahl seiner geliebten Tante Marianne, weil nicht kinderlos, außer Betracht stünde, böte sich dessen Bruder Prinz Heinrich an. Zu Wilhelms Überraschung zauberte Wittgenstein die Zustimmung von Elisas Mutter aus dem Hut.

Statt glücklich zu sein über den neuen Lichtblick kam Prinz Wilhelm auf die Zweifel Alexanders zurück, ob eine Adoption die Sukzessionsfähigkeit mit Sicherheit gewährleistete. »Der Prinz verlangt zu viel«, höhnte v. Kamptz und postulierte die Zustimmung der Agnaten nicht nur zur Adoption, sondern außerdem zur Vermählung. Raumer schlug vor, Fürst Anton zum Herzog eines Freistaates Krakau zu erheben, Anton selbst beschwor neuen Ärger herauf, als er durch eine von ihm selbst in Auftrag gegebene Denkschrift wiederum die Ebenbürtigkeit ins Spiel brachte.

Über Savigny hatte er den Göttinger Staatsrechtler Eichhorn gebeten, ganz unabhängig vom aktuellen Anlaß, was niemand ihm glaubte, eine Standesgeschichte des Hauses Radziwill abzufassen, aus der das Verhältnis zu den Fürstenhäusern Deutschlands hervorginge. Eichhorn bescheinigte auf über zweihundert Seiten Folio die fortwährende Territorialhoheit der Familie durch die Jahrhunderte und die eheliche Verbindung mit den höchsten Fürstengeschlechtern Deutschlands. Anton erschien überraschend in Berlin und verteilte vertraulich einige Abschriften der Ausarbeitung. Bei Fürst Wittgenstein kam er schlecht damit an; der Hausminister verbat sich Einmischungen solcher Art.

Die Parteigänger des Prinzen Wilhelm haben zu der Zeit, da sich zum ersten Mal ein Gelingen seiner Herzensangelegenheit anbahnte, glücklos agiert. Als zwei Prinzen durchblicken ließen, daß sie einer Adoption Elisas wohl persönlich, nicht aber im Namen ihrer minorennen Erben zustimmen könnten, zog der Kronprinz ein neues Projekt ans

Licht, das er in seiner stürmischen Natur mit Feuereifer verfocht. Den Prinzen August hatte er bereits in einem Brief an den König schroff abgelehnt.

Es ging um das Herzogtum Oels in Schlesien, auf das Fürst Anton schon früher ein Auge geworfen hatte. Es schloß an seinen Besitz Antonin an und gehörte dem Herzog von Braunschweig, der verkaufswillig war. Anton prozessierte seit Jahren gegen die russische Krone um ein Lehen in Litauen, das der Zar um den Kaufpreis von Oels nun streitlos zurücknehmen möchte. Nach des Kronprinzen Begehr sollte der König den Fürsten Anton mit Oels belehnen und ihm dadurch einen über den mediatisierten Fürstenhäusern stehenden Rang verschaffen. Der Kronprinz sprach in seiner romantisierenden Art bereits vom Fürsten Anton als dem ersten Vasallen des Königs. Damit war die ad acta gelegte Ebenbürtigkeitsfrage von zwei Seiten erneut auf den Tisch gebracht, der Adoptionsgedanke auf das schwerste gefährdet.

Der Adoption hatte der erneut von Wittgenstein bemühte Professor Schmelzer unter allerlei Klauseln beigepflichtet, v. Raumer und gar v. Kamptz hatten stärkere Bedenken. Wittgenstein wuchsen die Probleme über den Kopf, er bat den König, verärgert über den streitsüchtigen Kronprinzen, die Sache dem gesamten Staatsministerium zu übertragen. Friedrich Wilhelm beauftragte den General v. Müffling, Wittgenstein die unerfreulichen Querelen mit den Prinzen abzunehmen. Die Monate flossen dahin, ohne daß angesichts des Parteienhaders Wilhelms Dinge vorwärts kamen. Im Herbst schrieb der König seiner Tochter, der Großfürstin Alexandra: »In Wilhelms Angelegenheit hat sich noch nichts verändert, denn überall gibts Hindernisse, wie im-

Fürst Anton Radziwill

mer, wenn man Dinge durchführen will, die unpassend sind.«

Dennoch bescherte das Jahr 1825, allem Durcheinander in der Frage eines Ehekontrakts zum Trotz, den Liebenden drei glückselige Tage. Es war der umsichtige v. Witzleben, der dem König eingeredet hatte, ein Wiedersehen Elisas nach drei Jahren könnte in Wilhelm vielleicht einen Gefühlsumschwung bewirken. Der König, der sich noch vor einem halben Jahr von der Anmut Elisas überzeugt hatte, erteilte dem Sohn persönlich die Erlaubnis zur Begleitung des Großfürstenpaars, es könnte ja sein, daß er anderen Sinnes über die Prinzeß würde. Dann müßte man sich geschickt zurückziehen.

Wimpus sah an solchen Spekulationen vorbei, er taumelte ins Glück. Da die Residenz des Fürsten Anton unter Quarantäne stand, wurde die ganze Reisegesellschaft Anfang Februar bei General v. Roeder untergebracht, von dem eine Schilderung der Festtage erhalten ist: »Mein Haus ist, wie Du wohl wirst erfahren haben, durch den Umstand, daß Prinzessin Helene, Gemahlin des Prinzen Wilhelm Radziwill, des Bruders der Elisa, das Scharlachfieber hat und das Schloß daher gemieden werden mußte, so glücklich gewesen, den Großfürsten Nikolaus, Seine Gemahlin und den Prinzen Wilhelm, Sohn des Königs, aufzunehmen, und sämtliche hohen Herrschaften sind mit Ihrem Aufenthalt sehr zufrieden gewesen, auch kann ich wohl selbst sagen, es hat an nichts gefehlt. Prinzeß Luise hat die Wirtin gemacht, daher hat es mir auch nur wenig Kosten verursacht und sind nur unbedeutende und leicht wieder herzustellende Beschädigungen vorgekommen. Wirrwar war indessen hinlänglich, besonders, da ich die Masse Fürstl. Radziwillscher Kammerdienerschaft und Lakaien im Hause hatte, und so hoch geehrt und beglückt ich mich auch durch diese zufällig mir zuteil gewordenen hohen Gäste fühlte, so gestehe ich doch aufrichtig, daß ich herzlich froh war, wie sie weiter mußten ...

Was für mich aber von wahrhaft unschätzbarem Wert ist, das ist, daß Prinz Wilhelm und unsere Prinzeß Elisa zum ersten Mal nach jahrelanger kummervoller Trennung sich unter meinem Dach und in unserer roten Wohnstube glücklich wiedergesehen haben, wodurch diese Stube eine Art Tempel für mich geworden ist; denn wenn es gleich noch nicht laut und entschieden ausgesprochen ist, so läßt sich doch nichts anderes möglich denken, als daß der König seine Einwilligung zur Verbindung dieses einander so ganz würdigen Paares nicht mehr vorenthält, nachdem er das Wiedersehen gestattet hat, wodurch unausbleiblich die gegenseitige Liebe, die zu bekämpfen man sich bis dahin bemühte, von neuem zu heftiger Leidenschaft angewachsen ist. Du kannst Dir denken, welche unaussprechliche Freude diese erwachten Hoffnungen über das Fürstliche Haus verbreiten und wie das ganze hiesige Publikum, in welchem Elisa allgemein so sehr geliebt ist, den wärmsten und lebhaftesten Anteil daran nimmt.«

Prinz Wilhelm geleitete das Großfürstenpaar zur Landesgrenze und kehrte am 10. Februar nach Posen zurück. Er ignorierte die Ansteckungsgefahr und hielt sich tagsüber bei Elisa im Schloß auf. »Es waren schöne Tage, wir haben uns vollständig als Brautleute betrachtet«, erinnerte sich der alte Kaiser noch wenige Jahre vor seinem Tode.

Elisa gab dem Prinzen Wilhelm beim Abschied einen Brief an die Freundin Lulu v. Kleist mit, der ihr bräutliches Glück beredt ausdrückt: »Am 7. Februar war es, daß ich ihn nach drei langen schweren Jahren wiedersah und unter Umständen und Umgebungen, in einem Hause, wie ich es mir im Traume nie hätte zusammenstellen können. Und ich habe das Wiedersehen doch so oft schon wirklich und wachend geträumt ... Mama erfuhr zuerst, daß Er ankommen solle, – noch am selben Abende!! – kam heran und sagte es mir. Da war es, als wenn eine eiserne Hand mein Herz packte, zusammendrückte und dann wieder los ließ, denn es wurde zu groß und drohte den Raum zu zersprengen ... Endlich rollte ein Wagen noch stärker wie die vorigen und nicht vorbei, sondern in den Hof hinein. Bald ward bestätigt, was mein klopfendes Herz mir sagte. Ich folgte Maman in die unteren, für den Prinzen eingerichteten Zimmer. Sie waren von Alabaster-Vasen halb erleuchtet. Einige Minuten standen wir dort und warteten – in welchem Zustand, ist nicht zu beschreiben. Da führte ihn Papa hinein, den er schon in Pinne gefunden hatte. Seine Tritte hörte ich, ehe er eintrat, aber nicht seine Stimme. Er flog auf Mama zu, nachher gab er mir die Hand. Wir zitterten heftig, aber geweint haben wir, glaube ich, nicht. Wir haben uns auch umarmt, aber ganz wie sonst. Die ersten Worte, die er herausbrachte, waren: ›Nach drei schweren Jahren der Prüfung.‹ Deine Freundin war ganz stumm, mein liebster Schatz, und konnte dann erst wieder sprechen, nachdem sie sich im andren Zimmer ausgeweint. Ich bin unaussprechlich glücklich!!«

In den Worten der Mutter an Prinzessin Marianne klang es so: »Mir ist so wohl, wenn ich W. zufrieden neben E. da sitzen sehe und sie so innerlich froh, wie sie seit Jahren nicht war ... Wenn ich nun W. über alles sprechen höre, was seit 3 Jahren geschehn, was man ihm gesagt, um seine Treu wankend zu machen, wie Brause früher dagegen war, meinte, Elisas ruhiges, stilles Wesen passe nicht für W., der der Aufheiterung und Zerstreuung bedarf, wie Wittgenstein das noch jetzt, in den letzten Tagen ihm wieder vorgestellt und gemeint, des Königs Zaudern käme auch aus der Ursache, daß er befürchte, der Prinz würde mit E. sich nicht glücklich finden, – da ist mich ein unbeschreibliches Grauen angekommen. Ich habe die ganze Nacht darüber nachgedacht, da stellt sich denn alles dar vor meines Geistes Auge: Wie E. in Berlin so streng wird beurteilt werden von diesen Hofmenschen, wie sie kritisieren werden, wie sie so alles, was sie tun und sagen wird, unrecht finden werden, wie W.

Elisa

selbst dadurch wird erschüttert werden. Er legt großen Wert auf Eleganz und Aimabilität einer Art, die E. nicht hat. Eigentlich lustig ist sie auch nicht von selbst, sondern nur durch die Brüder, und da mag ihr wohl so manches mangeln, was ich selbst nicht ahnde. Verändert mag E. in den 3 Jahren sich auch wohl haben und das Ideal nicht mehr erreichen, welches dreijährige Abwesenheit erhöht und verschönert hatte ...

Ich schreibe Dir, während W. mit E. schwatzt und sie ungestört es tun können, da sie mich beschäftigt sehn. Eigentlich hatten sie sich nur einmal gesprochen über ihre

Vergangenheit und das am Trennungstage im Juni 1822. Also werden sie wohl in diesen Tagen kaum fertig mit allen Erörterungen und Erklärungen vergangener Tage des Kummers, der Freude und des Mißverständnisses.«

Marianne beruhigte sie, Prinz Wilhelm hätte Elisa viel hübscher gefunden als sonst. Und der Bräutigam bekannte seiner Schwester Charlotte: »Was nun Elisas Äußere betrifft, so tut es mir ordentlich leid, daß Du sie nur im Sammetkleide sahest, denn alle ihre späteren Toiletten standen ihr unendlich viel besser als jenes. Nach dem letzten Mittag hatte sie ein weißes Atlaskleid mit weißem Schwanenbesatz, was ihr so unvergleichlich stand, daß ich hätte niederknien mögen ... Diese vertraulichen Unterhaltungen mit einem Wesen, das man so lange still, aber so innig und von ganzer Seele geliebt hat, von dem man drei Jahre schmerzlich und kummervoll getrennt war, während welcher Zeit man sich nur durch Briefe ferner kennen lernte, und mit einem Male so vereint und am Ziele sich zu sehen, wo Vertrauen und Zutrauen mit jeder Stunde wuchs, und man sich von Neuem kennen lernte, diese Augenblicke muß man erlebt haben, um sie zu verstehen und zu begreifen. Wie Du schon im voraus sagtest, selbst die schönsten Tage der Zukunft würden diesen Tagen nicht gleichkommen, das möchte ich fast auch denken.«

Am Tage der Abreise stürmte Wimpus auf sein Zimmer, um eine Mütze zu holen, versah sich in der Höhe des Gebälks, der Rahmen splitterte, Gehirnerschütterung und eine klaffende Kopfwunde waren die Folge. Elisa pflegte ihn. Er hätte Wochen liegen müssen, aber der Vater sollte nicht glauben, der neuerliche Unfall sei mutwillig geschehen, um länger bei der Braut zu verweilen. Dieser Gedanke

– bezeichnend für seinen Charakter – ließ Wilhelm gegen den Einspruch des Arztes nach Berlin zurückfahren. Er konnte sich kaum aufrecht halten. Bis in den März hinein lag er unter der Eisperücke im Krankenbett, man setzte Blutegel an und ließ ihn zur Ader.

Elisa empfand es wiederum als »Sympathie«, daß sie zur gleichen Zeit von einer schlimmen Mandelentzündung geplagt wurde und, noch größeres Wunder, an demselben Tag wie der ferne Bräutigam zum ersten Male wieder aufstehen durfte. Beide waren der festen Zuversicht, spätestens im Herbst vermählt zu sein. In Posen bewarben sich bereits hunderte von Polinnen und auch männliche Anwärter um eine Stellung am prinzlichen Hof in Berlin, die Skala reichte vom Hofmarschall bis zum Kammermädchen. Noch wehrten Luise und Elisa ab, aber die Gerüchte über ein ausladendes polnisches Gefolge drangen bis nach Berlin und erschreckten den König nicht wenig. Der Polenhorror hat tief im König gesteckt. 1831, fünf Jahre nach dem Verzicht auf Elisa, verwendete sich Prinz Wilhelm vergeblich bei seinem Vater für Elisas Bruder, den preußischen Stabsoffizier Wilhelm Prinz Radziwill. »Sein sehnlichster Wunsch und der seiner Familie ist es, einst das 19. Infantrieregiment zu befehligen, indem er demselben nun schon so lange angehört ... Dem General Witzleben teilte ich schon vor längerer Zeit den Wunsch des Prinzen mit. Er erwiderte mir, daß der Prinz zu sehr Pole sei, als daß man ihm dies Regiment anvertrauen könne, und daß mehrere Dinge über ihn in dieser Beziehung berichtet seien, die Sie nicht veranlassen würden, ihm das 19. Regiment zu geben. Ich teilte dem Prinzen diese ganze Unterredung und Mitteilung des Generals Witzleben mit. Er war darüber nicht verwundert, weil er sehr wohl wußte, daß man von Posen aus so über ihn berichte. Als Mann von Ehre begnügte er sich zu erwidern, daß er sich nicht rechtfertigen würde, sondern die Zeit entscheiden lassen wollte. Wie wenig er übrigens blind über Polen ist, wird seine Mitteilung – schon vor einigen Jahren – beweisen, wo er mich benachrichtigte, daß der Geist in Posen anfinge sich zu verschlechtern und daß er dieserhalb beständig zu predigen habe. Jetzt seit der polnischen Revolution wird, glaube ich, ein Jeder, der ihn unparteiisch hat sprechen hören, ihm das Zeugnis erteilen, daß man nicht richtiger das Verhältnis beurteilen kann als er; aber freilich kann ich ihn dabei nicht lossprechen, manches Ding, was unter dem Großfürsten Konstantin geschehen ist, bei seinem Namen genannt zu haben. Und vielleicht nicht immer vorsichtig genug. Aber Rebellion bleibt für ihn Rebellion, wenngleich das Interesse von seines Vaters Landsleuten ihm am Herzen liegt. Wenn er sich also in dieser Beziehung mancher Unachtsamkeit wirklich anzuklagen haben mag, so ist das doch sehr weit entfernt von einer Gesinnung, die Mißtrauen gegen ihn aufkommen lassen könnte. Ich darf es Ihnen versichern, Sie können keinen ergebeneren und treueren Offizier in Ihrer Armee haben als ihn ... Verzeihen Sie gnädigst, wenn Freundschaft und Überzeugung diese Zeilen mir eingeben. Ihr gehorsamer Sohn Wilhelm.«

Zurück zum Juni 1825. Hofarzt Hufeland eröffnete Wimpus, daß es dem Vater nicht passend schiene, daß Wilhelm sich in Elisas Nähe befände, ehe nicht alles entschieden wäre. Eine Badekur in Schlesien wurde auf Königs Geheiß gestrichen, Wilhelm nach Teplitz geschickt. Kurz darauf berichtete er Elisas Mutter von der Ernennung Gneisenaus zum Feldmarschall und fuhr fort: »Auch meinerseits muß ich meine schuldige Meldung als zum Generalleutnant avanciert hiermit machen, eine Auszeichnung, auf die ich wohl nicht rechnen konnte, da ich erst vor wenig Monaten das Generalkommando wirklich erhielt. So häuft der König wirklich in meiner militärischen Karriere eine Gnadenbezeugung auf die andere. Seine Gnade fehlte uns auch im übrigen gewiß nicht, aber wohl das Vollbringen derselben. Durch mein Avancement wird Elisa einst den außerordentlichen Vorteil haben, gleich Exzellenz zu werden.« Das sagte eine Exzellenz, die nicht einmal ihren Kurort selbst bestimmen durfte.

Zu Elisas Geburtstag schrieb Wilhelm an sie: »Seitdem wir die schönen Tage des Februars erlebten, vermögen zwischen uns Worte das nicht mehr auszusprechen, was unsere Herzen empfinden; jedenfalls nur mangelhaft könnten sie das ersetzen, was die Gefühle sagen wollen. Daher weiß ich Ihnen am heutigen Tage nichts anderes zu sagen, als: gedenken Sie der schönen Stunden, die uns vereint fanden, und der Gefühle, die uns in jenen wenigen Augenblicken durchglühten; dann werden Sie wissen und verstehen, was ich Ihnen zu sagen habe, was diese Zeilen sagen sollen!! Möge der Himmel uns bald die Wiederkehr so schöner Stunden und das Geschenk noch schönerer verleihen! Gottes Segen sei mit Ihnen! Ewig Ihr treuer Freund W.«

Das Jahr war erfüllt mit Briefen von Elisa an Lulu, für Wilhelm gedacht, und von Wilhelm an Elisas Mutter, für die Geliebte bestimmt. Oft schrieb Elisa die Briefe der Mutter nach Diktat und fügte eigene Zusätze an. Einige wenige Proben mögen für die sehr umfangreiche Korrespondenz stehen. Elisa an Lulu: »Meinen Wilhelm hast Du glücklich gemacht durch das Anvertrauen meiner Briefe. Wie die aber mögen gewesen sein? Ich habe viel Sehnsucht nach ihm, unaussprechlich! Ich hatte kaum gekostet, wie süß es war, versprochen, vereint, geliebt zu sein, so mußt' ich es wieder entbehren und mit vieler Angst erkaufen. Aber doch bin ich jetzt ungeheuer froh und habe dabei meine ausgelassen lustige Zeit.«

Einen breiten Raum in den Mitteilungen nehmen Träume ein, Elisa sah sich schon in der Rolle der Hausfrau, die etwas falsch machen könnte. »In einem Kahne fuhr ich mit W. und noch anderen nach der Pfaueninsel, aber schon vom Schlosse an. Dort, unter den Zimmern des Kronprinzen, stiegen wir ein. Ich glaube, wir waren schon verheiratet, denn W. nannte mich Du und nahm sich schon die Freiheiten eines Ehemannes heraus. Er eilte mich, als wir in der Insel landeten, damit ich nicht zu spät zu Tisch erscheinen möchte und lobte mich sehr herablassend, als ich wirklich erschien. Es waren viele Fremde dort, ich glaube, ich sollte das Signal zum Aufstehen geben, vergaß es, und wir blieben viel zu lange sitzen. Darüber rief mich der König in der Ecke und schalt mich etwas aus, wobei ich mich meisterhaft benahm. Ich weinte nicht, war nicht erschrocken, küßte ihm die Hand, versprach es ein andermal besser zu machen, und alles war gut. W. war außer sich vor Freude über meine Contenance und lobte mich den ganzen Tag, worüber auch ich erfreut war und so oft an Mama dachte, die mir ein solch Benehmen nicht zugetraut! Mein lieber Schatz, es fällt mir dabei ein, daß Du am Ende diesen Brief des Traumes wegen an W. zeigen wirst, und ich habe so geschmiert. Wie wirst Du denn das anfangen? Denn verbieten will ich es nicht, es macht ihm Freude.«

Je länger sie von Berlin entfernt blieb, um so tiefer verwurzelte sie sich im polnischen Wesen. »Ich bin für mein Teil unendlich ergriffen von der allgemeinen Teilnahme und Herzlichkeit, die ich hier gefunden habe. Es hat mich so fest an Posen gebunden, wie ich es in meiner kindlichen Zeit nie gedacht hätte. Damals waren die Menschen meinem Herzen noch fremd, die ich jetzt als Landsleute erkenne und liebe und nie zu lieben aufhören werde. So hat doch die Prüfungszeit dieses Gute herbeigeführt, und wie wohl ist mir nach jener Zeit im Februar gewesen. Von Menschen, die ich nie gesehen hatte, sind mir Beweise der Teilnahme an meinem Schicksal erzählt worden. Ich hatte es so nicht erwartet.«

Zum Jahreswechsel tauschten die Liebenden direkte Grüße aus. Wilhelm an Elisa: »Das so schön begonnene Jahr ist verschwunden, es liegt unwiederbringlich hinter uns. Aber seine schönsten Tage vertilgt nichts in unserem dankbar gegen Gott erhobenen Herzen. Er hat uns den Grund gezeigt, auf den wir bauen sollen; Er lehrte mich Ihr Herz kennen, lieben, Ihm ward mein Schwur der Treue gegen Ihn, gegen Sie! Vor Ihm sind unsere Herzen eins, – Oh, möchte Er uns in Gnaden gewähren, es bald auch vor der Welt zu sein! Erhalten Sie mir in dem neu betretenen Zeitabschnitt Ihr Herz, Ihre Liebe, so lange ich es verdiene; es zu verdienen – kann ich wohl ein höheres Bestreben hier auf Erden haben? Denn die Liebe des edelsten Herzens zu erhalten, zeichnet das nicht allein den Weg, den ich zu gehen habe?«

Elisa an Wilhelm: »Ich kann das scheidende Jahr mit seinen süßen Erinnerungen nicht zu Ende gehen sehen, ohne Ihnen noch einen Gruß der Liebe und ein Wort des Dankes zu senden. Des Dankes für abermalige Treue und Ausdauer, für Geduld und stille Ergebung in den Willen des Herrn. Ich bitte täglich darum, daß er Sie so erhalte und Sie segnen möge mit Seiner Kraft und Seinem Frieden, ohne welchen wir doch nimmermehr bestehen können! Gott sei mit Ihnen und den Lieben, zu denen Sie nun hineilen werden – ihr Los stellt das unsrige in den Hintergrund, und wir müssen uns selbst ganz natürlich über das große Ereignis vergessen, das sich dort zugetragen hat und wo es sich nicht um das Glück zweier Menschen, sondern ganzer Nationen handelt.«

Elisa spielte damit auf Wilhelms bevorstehende Reise nach Petersburg an. Zar Alexander I. war in Taganrog verstorben, Wilhelm sollte den König bei den Trauerfeierlichkeiten vertreten. Um den Tod des Zaren hat sich eine Legende gerankt. Angeblich hätte er einen verunglückten Feldjäger in den Sarg legen lassen und sich selbst in die Einsiedelei zurückgezogen und wäre erst Jahrzehnte später auf dem Berg Athos verschieden. Das geheime Tagebuch des Leibarztes, das dies bekunden könnte, soll von der GPU beschlagnahmt worden sein. Für den König von Preußen, der seinen besten Freund verloren hatte, stellte sich die peinliche Frage, an welche der Majestäten er seinen Kondolenzbrief zu richten hätte, an Zar Nikolaus oder Zar Konstantin?

Im »Großmutstreit«, der ein kurzes Interregnum heraufbeschwor, sprachen sich die Brüder wechselseitig die Zarenwürde zu. Der ältere, Konstantin, der 1822 wegen seiner Ehe mit der Fürstin Lowicz auf die Thronfolge verzichtet hatte, huldigte dem Bruder Nikolaus von Warschau aus, Nikolaus, dem dieser Verzicht hätte bekannt sein müssen, vereidigte das Militär auf Konstantin. Erst als der Dekabristenaufstand losbrach, in dem die Dezembermänner, fortschrittlich gesinnte Offiziere, ihre Regimenter gegen das Winterpalais führten – die Moskauer Gruppe galt sogar als republikanisch –, schlug Nikolaus zurück und vereidigte den vorzeitig einberufenen Senat auf seine Person. Die Hoffnung des Geheimbundes auf eine Verfassung und die Abschaffung der Leibeigenschaft war mit der Niederschlagung des Aufstandes zerronnen. Zar Nikolaus hat die Aufrührer wochenlang Tag und Nacht persönlich verhört. Man wunderte sich dann über seine Milde: Er ließ die Rädelsführer nicht mehr vierteilen, sondern »nur« hängen.

1826

»Das Allerunerwartetste ist geschehen: ich werde über Warschau nach Petersburg geschickt und folglich auch über Posen! Was sagen Sie dazu, teuerste, liebe Tante! Was wird Elisa sagen! Sie können sich meine Freude denken, als es entschieden war, und nicht Zufall war es, wenn ich an Elisa sagte: wer weiß, was unerwartet Frohes und vielleicht bald kommt! ... Aber nur wenig Zeit, nur einige Stunden werde ich bleiben, weil ich doch Eile habe. Ich denke morgen um neun Uhr früh hier abzureisen und demnach übermorgen den 8. um ein Uhr mittags in Posen zu sein. Abends um zehn Uhr werde ich dann meine Reise fortsetzen, so daß Sie zur Ruhe gehen, wenn ich in den Wagen steige und einiger schön verlebter Stunden, dankbar gegen Gott sich erinnern!«

Wilhelm traf wahrscheinlich wenige Stunden vor dieser Kurierpost in Posen ein. Über seinen kurzen Besuch schrieb

Schloß Antonin

Elisa am Tage darauf der Freundin Lulu: »Gestern war mein Wilhelm hier, gestern erlebte ich mit ihm und durch ihn die süßesten Stunden, und heute liegen schon Meilen zwischen uns! ... Nach 12 begleiteten wir ihn zum Wagen. Es war eine stürmische Nacht und eine Kälte von 15 Grad. Vor der Tür nahm er noch einmal Abschied und stieg dann ein mit General Thile. Ich hatte meinen schwarzen Pelzmantel nur flüchtig über mein dünnes schwarzes Oberkleid geworfen und war in dünnen Atlasschuhen, so daß die rauhe Luft mich ordentlich eisig anpackte und rüttelte. Wie, dachte ich, wenn sie dir den Tod brächte? Indem fuhr Wilhelms Wagen fort und rollte durch das Tor. Mein Herz wurde weit, und ich rief ihm, innerlich aufgeregt, heimlich zu: ›Nimm mein Leben!‹ Ist das nicht ein Fiebertraum? Und doch so wahr und doch natürlich, denn ich war in einem aufgeregten Zustand und vor Frost bebend.«

Auf den gleichen Ton gestimmt, schrieb Wilhelm aus Warschau an Elisas Mutter: »In welchen heftigen Gemütsbewegungen verließ ich all die Teuren in Posen! Ich fühlte mich so gewaltsam festgehalten an der Stelle, die mir so unnennbar teure Augenblicke geschaffen hatte und die nun durch den nur zu frühen Abschied wieder so trüber Erinnerung gehören sollte! Ich dachte mir immer noch die Möglichkeit, länger bleiben zu können, wenn nicht Pflicht und Vorsicht mich gehen hießen. Mir wankten fast die Füße, als ich mit Ewig Ihnen die Treppen hinab folgte!«

Aus Petersburg bat Prinz Wilhelm in einem Brief vom 12. Februar den Vater, den Konsens der majorennen Agnaten nun herbeiführen und die Adoption Elisas aussprechen zu lassen. Der König nahm das Gesuch sehr unwirsch auf, raffte sich aber erst Monate später dazu auf, dem Sohn jetzt endgültig die eheliche Verbindung mit der Prinzessin Radziwill zu verweigern. Gleichzeitig beschied er die Mutter Elisas, deren Brief aus dem Jahr 1824 (vergl. Seite 101) noch immer der Antwort harrte. Witzleben hatte die Schreiben entworfen, Wittgenstein und Müffling fügten Berichtigungen ein. Der König schrieb mit eigenen Ergänzungen, die Elisas Wert hervorhoben, die Konzepte am 22. und 23. Juni ins Reine.

Prinz Wilhelm wurde der väterliche Entschluß durch Witzleben überbracht. Die Eröffnung des königlichen Generaladjutanten, daß der Inhalt die Verlobung aufhöbe, traf den völlig unvorbereiteten Bräutigam wie ein Schlag. Mit den folgenden Zeilen jagte er Meldereiter zu Elisas Mutter nach Posen: »Allmächtiger Gott, was ist geschehen! Lesen Sie nicht weiter, wenn Sie nicht allein sind bei der Öffnung dieser Zeilen und sie ein Brief des Königs noch nicht erreichte! Vor mir auf dem Tisch liegt ein noch versiegelter Brief des Königs an mich. Seinen Inhalt – kenne ich! Fragen Sie jetzt also nach nichts, denn ich weiß selbst von nichts, nur das: daß es geschehen ist! Ich habe keine Fassung. Ich kann nichts sagen, nichts schreiben! Gott, ist es dahin gekommen! Hat seine Allbarmherzigkeit uns doch verlassen! Er vermag alles, aber dies ist zu viel! Gott, Gott segne Elisa! Ewig, ewig Ihr Wilhelm«

Danach erst nahm er das Konvolut zur Hand. Es enthielt die letzten Gutachten der Minister, den Brief an Prinzessin Luise in Abschrift und dieses Handschreiben des Vaters:

»Mit schwerem Herzen, lieber Wilhelm, ergreife ich endlich die Feder, um Dein Schreiben vom 12. Februar ds. Js., in welchem Du den Antrag gemacht, den agnatischen Konsens zur Adoption der Prinzessin Elisa Radziwill mit voller rechtlicher Wirkung auf die majorennen Glieder unseres Hauses beschränkt zu sehen, zu beantworten. Bei der Wichtigkeit dieser Angelegenheit, die mehr oder weniger über die Zukunft unseres Hauses entscheidet und schon in der Gegenwart ihren Einfluß äußert, habe ich für nötig erachtet, jenen Antrag zuvor einer genauen Prüfung zu unterwerfen und denselben mehreren der ersten Staatsbeamten zur Begutachtung vorzulegen. Du erhältst in der Anlage die einzelnen Vota aller zu dieser Begutachtung gewählten Personen und wirst Dich, wie ich hoffe, überzeugen, daß die Sache parteilos und mit ruhiger Überlegung erörtert worden ist. Wenn hiernach das Resultat nicht günstig für Deine Wünsche ausfiel, wenn ich nach reiflicher Erwägung der von der überwiegenden Mehrheit ausgesprochenen Meinung aus eigener Überzeugung und Pflichtgefühl beitrete, und wenn endlich, ich muß es Dir leider ohne Rückhalt sagen, so schwer es mir auch wird, die Sache hiermit als völlig erschöpft und beendigt betrachtet werden muß, so hoffe ich, Du wirst Dich umso mehr mit Ergebung in Dein Schicksal finden, als ich Dir auf jede Weise bewiesen zu haben glaube, daß ich gern einen angemessenen Ausweg gefunden hätte, der die Erfüllung Deiner Wünsche zuließe, wenn dabei die Interessen unseres Hauses unverletzt erhalten werden konnten. Ich kann mir höchstens den Vorwurf machen, daß ich aus Liebe zu Dir alle Vorschläge hörte, prüfte und prüfen ließ und die definitive Entscheidung immer von Neuem verzögerte, um nichts unversucht zu lassen, was zum Ziele führen konnte.

Rufe Dir, lieber Wilhelm, den Hergang ins Gedächtnis zurück, den die ganze Angelegenheit genommen hat! Ohne im mindesten persönlich gegen Deine Wahl zu sein, da sie einen Gegenstand betraf, der Deiner würdig war, habe ich sie dennoch von Anfang an nie gebilligt, da ich die unübersteiglichen äußeren Schwierigkeiten lebhaft vor Augen sah, welche der Erfüllung Deiner sonst so natürlichen Wünsche entgegenstanden. Bei der Erheblichkeit der Bedenken, die aus dem Rechtspunkt entstanden, würde ich das Wohl des Hauses auf das Spiel gesetzt haben, wenn ich meine Einwilligung gegeben hätte, ohne die Gewißheit zu haben, daß die Rechte, die Dir durch die Geburt zustehen, auch Deinen Nachkommen gesichert waren. Ich habe über diesen Punkt das Urteil mehrerer der ersten Staatsbeamten erfordert; es fiel, mit Ausnahme einer einzigen Stimme, verneinend aus.

Von diesem Augenblick an konnte ich die Sache als abgebrochen ansehen, da ich mich selbst mit jenem Ausspruch ganz einverstanden erklärte.

Deine beharrlichen Wünsche, vereint mit meinen eigenen, Dein Glück womöglich auf die von Dir ersehnte Weise zu begründen, bewogen mich jedoch, auf neue Auskunftsmittel zu sinnen. Du weißt, was der bei dem seligen Kaiser gemachte Antrag für einen Ausgang hatte. Jetzt wäre ich abermals berechtigt, ja sogar verpflichtet gewesen, mich bestimmt gegen alle ferneren Versuche zu erklären, und Du selbst warst der Meinung, daß nun alles erschöpft sei. Man schlug indessen eine Adoption in unserem Hause vor. Ich gab auch dieser Idee Folge, wahrlich aus keinem andern Grunde als um Dir noch einmal zu beweisen, wie gern ich in alles gewilligt hätte, was mit der Würde und den Rechten des Hauses und mit den auf mir ruhenden Pflichten zur Erhaltung derselben vereinbar wäre.

Nachdem aber nun klar geworden, daß die Ausführung dieses Vorschlags nicht allein an sich mit großen, man kann wohl sagen, unbesiegbaren Schwierigkeiten verknüpft ist, sondern auch für die Zukunft keine Sicherheit gewährt, während sie Deine nachgeborenen Brüder sowie alle übrigen noch zu verheiratenden Prinzen des Hauses sogleich beschränkt und, wie leicht vorauszusehen ist, auch in der Zukunft nachteilige Wirkungen auf ihre Verhältnisse äußern würde, da, mein guter Wilhelm, wird sich auch Dir die Überzeugung aufdrängen, daß ich gegen die mir auferlegten Pflichten als König und Vater handeln würde, wenn ich nicht bestimmt erklärte, daß ich meine Einwilligung leider versagen und die ganze Sache als definitiv entschieden und beendigt ansehen muß. Ich teile gewiß von ganzem Herzen

Deinen Schmerz, aber ich hege auch zu Dir das feste Vertrauen, daß Du ihn bekämpfen und, durch Standhaftigkeit und Resignation die Macht der Verhältnisse respektierend, den Kummer mindern wirst, den ich bei dieser Gelegenheit selbst empfinde. Prinzessin Luise werde ich von meinem Entschluß selbst in Kenntnis setzen und sende Dir anliegend eine Abschrift dieses Briefes. Gott stärke und tröste Dich! F. W.«

Statt in den Zorn der Verzweiflung zu verfallen, bekundete Prinz Wilhelm am nächsten Tage dem Vater, der sich verstört auf die Pfaueninsel zurückgezogen hatte, folgsamen Dank. »Mit dem innigsten Gefühl kindlicher Liebe, aber auch mit tief erschüttertem Herzen ergreife ich in diesem schmerzlichen Augenblick die Feder. Sie haben, teuerster Vater, die Entscheidung für mein Schicksal gegeben, die ich ahnden mußte, aber mich zu ahnden scheute, so lange ein Strahl von Hoffnung mir noch blieb! Stets haben Sie in mir den kindlich-gehorsamen Sohn gefunden, und so finden Sie mich auch in dieser entscheidenden Stunde! Lesen Sie in meinem Herzen, um in demselben den unaussprechlichen Dank zu finden, der es belebt für die unzähligen Beweise Ihrer Gnade, Liebe und Langmut, die Sie mir in diesen bewegten fünf Jahren gaben ...«

Es lohnt nicht, diese Deklamationen in ihrer ganzen Breite wiederzugeben. Zweifellos glaubte Wilhelm an das, wozu er sich durchgerungen hatte. Der Brief des Königs an Elisas Mutter lautete:

»Ihnen ist gewiß hinreichend bekannt, wie ich aus väterlicher Liebe alles versucht und erschöpft habe, um die sehnlichen Wünsche meines Sohnes Wilhelm zu begünstigen, obgleich ich von Anfang an die mannigfaltigen Schwierigkeiten nicht verkannte, die sich ihnen entgegenstellen würden und die mir schon damals unbesiegbar erschienen; jedoch glaube ich, es ist besser, Ihnen und mir die kummervollen Empfindungen zu ersparen, diese Versuche und Schwierigkeiten hier aufzuzählen und Sie damit zu unterhalten, da ich mit Gewißheit voraussetzen kann, daß Sie durch Wilhelm von allem genau unterrichtet sind. Solange ich mir in dieser Angelegenheit noch mit einigen Hoffnungen schmeichelte, habe ich Abstand genommen, Ihr verbindliches Schreiben vom 5ten Februar 1824 zu beantworten und Ihnen zu sagen, daß ich dem Inhalt desselben und Ihrer darin ausgesprochenen freundschaftlichen Anhänglichkeit, von welcher Sie mir schon so vielfache Beweise gegeben haben, gewiß alle Gerechtigkeit widerfahren ließ.

Heute muß ich aber die für mich recht schmerzliche und saure Pflicht erfüllen, Ihnen offenherzig gestehen zu müssen, daß die Wünsche meines Sohnes ohne Verletzung von Rechten und ohne die inneren und äußeren Verhältnisse unseres Hauses zu stören, nicht erfüllt werden können. Sie können mir vielleicht den Vorwurf machen, daß es Ihnen und Ihrem mütterlichen Herzen einen großen Kummer erspart haben würde, wenn ich diesen Entschluß, den ich, wie Ihnen bekannt, zwar gleich von Anfang schon ausgesprochen, ihn aber aus Ihnen ebenfalls wohlbekannten Gründen unausgeführt ließ, früher zu Ihrer Kenntnis gebracht hätte; Sie kennen aber die lebhafte Teilnahme, die ich an der Zufriedenheit meiner Kinder nehme, und ich kann daher diesem Vorwurf nur die Gefühle meines väterlichen Herzens entgegenstellen.

Ich fühle ganz den Kummer und das Opfer, welches dieser endliche Beschluß meinem Sohne kostet, und daß er auf ein Glück verzichten muß, welches ich ihm so gern gegönnt hätte. Ich habe der Persönlichkeit und den liebenswürdigen Eigenschaften der Prinzessin Elisa volle Gerechtigkeit widerfahren lassen; sie wird gewiß in jedem Verhältnis ihres Lebens die Pflichten, welche ihr obliegen, auf eine ausgezeichnete Art erfüllen. Diese Gesinnungen werden ihr auch von meiner Seite immer gewidmet bleiben, und ich werde mich freuen, wenn ich eine Gelegenheit finde, ihr solche sowie meine aufrichtige Teilnahme zu bestätigen. Mit unwandelbarer Achtung und Freundschaft habe ich die Ehre zu sein Ihrer Königlichen Hoheit ergebener Diener und Vetter Friedrich Wilhelm.«

Von Kummer und Opfer des Sohnes ist die Rede, kein Wort fällt über Elisas Verlassenheit und die Brüskierung ihrer Eltern. Die postwendende Antwort der Fürstin Radziwill zeigte deutlich, wie verletzt sie sich fühlte: »Euer Majestät sind König und Vater – Sie haben entschieden, wir müssen uns Höchst Ihrem Willen, wenngleich mit blutendem Herzen, unterwerfen. Sie sind, allergnädigster König, ein zärtlicher Vater, aber verzeihen Sie mir, es Ihnen zu sagen: den Schmerz des mütterlichen Herzens können Sie doch nicht begreifen! Das meine ist zerrissen, seit ich Höchst Ihren Brief empfing, denn unvorbereitet traf uns dieser Schlag. Seit vorigem Jahr konnte ich mir einen solchen Ausgang nicht mehr denken. Wir hatten uns dem Antrag meines Bruders, wenngleich nicht ohne Kampf, unterworfen – und in einer Zeit, wo einer der ersten Publizisten Deutschlands uns die Gerechtsame der Familie Radziwill durch Tatsachen erwiesen. Das Wiedersehen des Prinzen Wilhelm mit meiner Tochter, welches wir durch jahrelange Opfer und Entbehrungen vermieden, war erfolgt, mit erneuerten Hoffnungen; meine Tochter erhielt von nah und fern Beweise der lebhaftesten Teilnahme an dem Glück, welches ihr bestimmt schien, und sie und wir waren nur beschäftigt, die Glückwünsche abzulehnen, die von allen Seiten uns zukamen. Wir wußten in der Zwischenzeit durch Prinz Wilhelm die fortdauernde Ungewißheit seiner Zukunft – aber wir bauten fest auf Gott und Eure Majestät.

Zerstört ist nun diese Hoffnung. Gott wird sich in Gnaden unseres armen Kindes annehmen; ich habe noch nicht die Kraft gehabt, sie mit ihrem Schicksal bekannt zu machen. Die ganze Provinz ist in diesem Augenblick hier versammelt, wir sind von Menschen umringt, und ich erwarte nur die Möglichkeit, aufs Land zu gehen, wo meiner Tochter Schmerz keine Zeugen hat. Die Versicherung der persönlichen Gnade Eurer Majestät in Höchst Ihrem Briefe, deren Sie sie zu versichern geruhen, die Überzeugung, daß, wenn Sie ohne Rücksicht, mein verehrter König, über ihr Los entschieden hätten, wir keine Träne vergießen würden, wird ihr in ihrem Schmerz der größte Trost sein, so wie er es uns in dieser kummervollen Zeit ist. Möge Gott den teuren Prinzen segnen, ihm Glück und Zufriedenheit schenken, und Eurer Majestät durch ihn und alle Ihre teuren Kinder alles Glück schenken, welches wir ehrfurchtsvoll Ihnen wünschen! In tiefster Ehrfurcht und Verehrung ersterbe ich Euer Königlichen Majestät untertänigst, treu gehorsamste Cousine und Dienerin Luise.«

Nach außen hin zog Wilhelm einen Schlußstrich unter seine Liebe. Er nahm den Ring vom Finger, den er vier Jahre lang getragen hatte, und legte die Halskette ab, die Elisas Haar verwahrte, dazu ein Zeichen für Glaube, Liebe und Hoffnung, schon 1819 von der Geliebten empfangen. Er barg diese Reliquien mit einem Selbstbildnis Elisas, gepreßten Blumen und ihren Briefen in einem Ebenholzkästchen, das ihm bis zu seinem Tode stets in greifbarer Nähe blieb.

Den Abschiedsbrief richtete er nicht an Elisa, sondern, wie meist vorher, an deren Mutter. »Gelöst ist das Band auf Erden, das Elisas und mein Herz vor Gott geschlossen hatten! Wo ist eine Liebe jemals reiner, zarter, standhafter gewesen, als zwischen uns? Aber Gottes unerforschlicher Ratschluß gewährte uns einen so hohen Genuß, einen Genuß, der hier auf Erden allein den Vorgeschmack des Himmels trägt, nur, um uns die unermeßliche Fülle des Schmerzes durch Auflösung dieses Bandes fühlen zu lassen! Gottes Wille ist geschehen! Ich trete in diesem Augenblick im Geiste vor Elisa, und gebe ihr zurück – ihr Herz, welches durch die reinsten und höchsten Gefühle mir gehörte! Ich reiß' es von dem meinen los, weil es das unerbittliche Schicksal so will; aber ihr Bild bleibt ewig, unauslöschlich in meinem Herzen – doch jetzt nur als Erinnerung an ein höheres Wesen, das mir, ja das durch seine Vollkommenheit der Erde nicht mehr angehört! ... Mit zerrissenem Herzen trete ich vor Elisa und stammle ihr den Dank für die unaussprechliche Wonne, die ich durch den Besitz ihres Herzens genoß. Sie war es, der ich die höhere Richtung meiner selbst verdanke, sie also hat mein wahres Seelenheil bewirkt.«

Einen Monat lang wurden Elisa diese Zeilen vorenthalten, die Mutter wollte ihr die Trennungsbotschaft erst in der Abgeschiedenheit Antonins eröffnen. Über Stunden saß die Familie um die gänzlich unvorbereitete, in Tränen aufgelöste Elisa versammelt, nur allmählich fand sie aus der Erschütterung des Verstoßenseins heraus. Das Missionarische in ihr, daß sie Wilhelms wahres Seelenheil bewirkt hätte, richtete sie auf und gab der Freundschaft auch für die Zukunft Dauer. Sie schrieb den letzten Brief an Wilhelm direkt.

»Nur wenige Worte wie am Rande des Grabes – das Grab unserer Liebe ist es ja auch – werden mir doch noch vergönnt sein? In diese wenigen Worte möchte ich alles hineinlegen, was mein Herz erfüllt: Dank für Ihre treue mich beglückende Liebe, für den Abschied, den einer Ihrer teuren Briefe seit der Entscheidung enthielt! Wie unaussprechlich selig machen Sie mich durch die Versicherung, daß ich Einfluß auf das Heil Ihrer teuren Seele gehabt habe! Mehr kann ich ja nicht verlangen von Gottes Gnade, und ich danke Ihm auf Knien dafür sowie für alles, was er über mich verhängt hat. Möge der Gedanke, daß ich mich ganz darin ergeben habe und nun der Kampf gekämpft ist, Sie etwas beruhigen! Um Ihre Freundschaft bitte ich auch und verspreche Ihnen die meinige, sie soll aus dem Grabe unserer Liebe entstehen, wie die Seele sich emporschwingt zu dem Herrn, nachdem man unsere Körper begraben hat. Möge dieses das letzte sein, was Sie zu den übrigen Andenken tuen – das wurde mir doch sehr schwer, die Stelle zu lesen, wo Sie von dem Trennen des Ringes, der Haare, des Zeichens sprechen – das war sehr bitter. – Für den König bete ich, wie ich schon Ihrer engelgleichen Schwester schrieb. Ihre Schwester werde ich fortan sein und Sie mein zweiter Bruder Wilhelm! O bitte, bitte, unterwerfen Sie sich dem Willen unseres barmherzigen Gottes, den ich täglich und stündlich anflehe um seinen Segen! Leben Sie wohl! Elisa.«

Dies wäre die Schlußzeile jener tragischen Romanze. Dem Leser wird nicht entgangen sein, daß die bisherige Darstellung des vorwiegend durch Briefstellen veranschaulichten Ablaufs eine Bruchstelle aufweist: Was bewog den König nach Jahren des Zauderns im Juni 1826 plötzlich so entschieden und eindeutig die Genehmigung zur ehelichen Verbindung Wilhelms mit Elisa zu versagen und das niemals gutgeheißene Verlöbnis aufzuheben?

Um den zeitlichen Fortgang nicht unübersichtlich geraten zu lassen, wurden bisher alle Begebenheiten der übrigen Heiratspolitik des Hauses ausgespart, obwohl sie in Wilhelms Angelegenheit hineingewirkt haben: des Königs zweite, morganatische Ehe, die durch Konfessionsfragen verzögerte Heirat des Kronprinzen und dessen Kinderlosigkeit, schließlich Weimars Bedingungen für eine Hochzeit des Prinzen Karl, Wilhelms Bruder, mit der Prinzessin Marie, der Schwester Augustas, die der spätere deutsche Kaiser 1829 heimführte. An dieser Stelle sei noch einmal an die Bemerkung im Vorwort erinnert, daß sich bis ins 19. Jahrhundert hinein Regentenkunst auf das Ziel versammelte, der Dynastie durch eheliche Verbindungen den Bestand zu erhalten. Für dieses Ziel wurde ein unerhörter Aufwand an Gelehrsamkeit und Beamtenfleiß betrieben und an Paraden, Festspielen und Repräsentation jeder Art verschwendet.

Auf Brautschau

Verliebte sehen in der Welt nur sich,
doch sie vergessen, daß die Welt sie sieht.
Platen

Friedrich Wilhelm III. hat am Tode der Königin Luise sehr schwer und sehr lange getragen. Er verehrte sie wie eine Heilige und stiftete zu ihrem Gedenken den auf hundert Inhaberinnen begrenzten Luisenorden. Als Auszeichnung für Verwundetenpflege gedacht, empfing Elisa ihn aus seiner Hand zum Trost für eine zerstörte Liebe. Solange seine Töchter noch um ihn waren, ertrug der König die Witwerschaft mit Geduld. Er bedurfte aber, wie er es nannte, des »Humeurs« weiblicher Wesen in seiner Nähe und verehelichte sich erst wieder, als 1824 auch die jüngste Tochter, Prinzessin Luise, den Hof verließ, um den Prinzen Friedrich der Niederlande zu heiraten.

Auf dem Wiener Kongreß wollte der König nicht allein als Mucker zurückstehen, er hatte sich der Gräfin Julie Zichy genähert, obwohl sie erst im folgenden Jahr ihren Ehemann verlor. Mag sein, daß sie ihm gefiel, weil sie sich in preußischen Uniformen so verblüffend auskannte, auch Zar Alexander hatte ihre »beauté celeste« nicht übersehen. Ernstliches und Dauerhaftes wird es nicht gewesen sein.

In Berlin pflegte der König fast täglich das Theater zu besuchen. »Im Theater brauche ich nicht zu reden, auch keine an mich gerichteten Reden zu hören. Überall sonst bin ich in Anspruch genommen.« Er liebte Volksstücke, aus denen er eine Vorstellung von seinen Berlinern gewann, war ein Kenner des Balletts und ließ sich gern Tänzerinnen vorstellen, alles durchaus in Ehren. Er suchte die heitere Ruhe.

1817 verliebte er sich in die blutjunge Komtesse Georgine Dillon, Tochter des französischen Gesandten in Dresden. Die Liebe wurde erwidert. Der König gedachte, mit ihr nur eine morganatische Ehe einzugehen, um das Andenken Luises als Königin nicht zu schmälern. Aber auch hier folgte er nicht dem eigenen Wunsch und Willen, sondern unterwarf sich fremdem Urteil. Er fragte die Fürstin Luise Radziwill, wie man wohl eine katholische Französin als seine Gemahlin aufnehmen würde. Noch immer galten die Franzosen als Landesfeinde. Vom Staatskanzler Hardenberg, den Luise ihm als Ratgeber vorschlug, wollte der König nichts wissen, dieser würde in seiner leichtlebigen Natur sofort zustimmen; Graf Gneisenau, den der König schlecht leiden konnte, und der Minister v. Schön wären Berater mit mehr Verantwortungsbewußtsein. Beide Männer und auch der Großherzog Georg rieten von der Ehe ab. Fürst Wittgenstein übermittelte der Geliebten den Abschiedsbrief. Prinzessin Luise gestand: »Nie habe ich den König mehr verehrt und bewundert.« Er hatte sich mit Vorsatz Ratgeber bestellt, von denen eher Warnung als Beifall zu erwarten stand. Das spricht für seine Redlichkeit und vermag zu erklären, warum er von seinem Sohn, dem Prinzen Wilhelm, ein ähnliches Opfer verlangte.

Daß er dann doch mit der Eintreibung des Opfers zögerte, kann durchaus darauf zurückzuführen sein, daß er sich 1824 der um dreißig Jahre jüngeren Gräfin Harrach in morganatischer Ehe verband. Unmittelbar vor dieser Heirat war er gegen die Wünsche des Sohnes auffallend milde gestimmt, in diese Zeit fiel der Brief an Zar Alexander, in dem er um Adoption Elisas bat. Nur Witzleben widerriet der erneuten Heirat, befürwortet wurde sie von Hufeland, der selbst in zweiter Ehe glücklich war, und von Bischof Eylert. Zu ihm hatte der König bemerkt: »Hilft nichts, das Richten beginnt. Will Ihnen nur sagen, will wieder heiraten. Eine Luise bekomme ich nicht wieder. Die Zeiten sind hin, auf immer hin. Eine junge Fürstin nimmt mich aus Liebe nicht, und eine alte, eine Hagebutte, will ich nicht.«

Auguste, Gräfin Harrach, 1800 in Wien geboren, wurde im Kloster Preßburg erzogen. Der König war mehrmals mit ihr auf der Kur in Teplitz zusammengetroffen und hatte sich vergewissert, daß sie keine allzu eingefleischte Katholikin war. Prinz Wilhelm schildert sie: »Sie ist ganz hübsch, vierundzwanzig Jahre alt, hat aber eine sehr elegante Tournure, ist sehr einfach und spricht angenehm und mit Verstand... Sie ist sehr bescheiden und fängt an, ihre Stellung ganz zu begreifen.«

Dem Großherzog Georg fiel es zu, den überraschten Kindern den Entschluß des Vaters bekannt zu machen. Er sagte u. a.: »Seitdem auch Luischens Zukunft sich entschieden hat, ist dem König der Gedanke, von nun an ganz allein zu stehen, entsetzlich ergreifend geworden und die Idee, sich einem Wesen anzuschließen, von neuem in ihm erwacht. Die Wahl einer neuen Lebensgefährtin hat den König natürlich unendlich beschäftigt. Jedoch hat er vor allem dem Gedanken keinen Raum geben können, wieder eine Königin zu wählen und Ihnen eine Mutter zu geben; denn selbst die noch so vollkommenste Frau kann den Platz nicht wieder ausfüllen, den Ihre Mutter bekleidete, denn ihr Verlust ist nicht zu ersetzen; auch ist dem König die Idee unerträglich, daß er Sie alle eine Fremde ›Mama‹ nennen hören müßte. Die Wahl, die der König beabsichtigt, soll ihm eigentlich nur Ersatz sein für den Verlust seiner Töchter, da ihm das Leben ohne Ersatz für diesen Verlust öde und unerträglich geworden sein würde ...

Sonach fiel also die Wahl auf eine junge Dame; Sie können wohl denken, daß der König in seinen Jahren bei dieser Wahl nicht an Verliebthaberei gedacht hat, sondern daß rein das Bedürfnis eines herzlichen Umgangs zur Aufheiterung seiner Tage ihn geleitet hat, und er ist überzeugt von Ihnen, daß Sie ihn nicht verkennen. Auf keinen Fall will er aber diesen Schritt ohne Ihr Vorwissen und ohne Ihrer aller Einwilligung tun; willigen Sie ein, so heitern Sie dadurch die Zukunft Ihres Vaters auf, was uns allen ja so wert und heilig sein muß.«

Mit gepreßt hervorgebrachter Zustimmung der Kinder, nur der Kronprinz zeigte einen Anflug von Begeisterung, ging der Großherzog zum König, der ihnen unter Tränen für das Einverständnis dankte. Friedrich Wilhelm III. erhob Auguste v. Harrach zur Fürstin Liegnitz und Gräfin v. Hohenzollern und empfahl die junge Dame dem Wohlwollen seiner Familie. Tränen auch der Kinder gab es am Grab der Mutter im Charlottenburger Mausoleum. Charlotte faßte sich als erste: »Nun kann man alles leichter tragen! Mamas Segen wird gewiß auf diesem Ereignis ruhen!« Uneingeschränkte Zuneigung der Familie erwarb sich die

Fürstin Liegnitz, als sie den König nach einem Beinbruch wochenlang pflegte und es verstand, den grämlichen Patienten aufzumuntern.

1819 lernten der Kronprinz und Prinz Wilhelm in Baden-Baden die Töchter des Königs von Bayern kennen. Den Kronprinzen erfaßte eine tiefe Neigung zur Prinzessin Elisabeth. Auch er bekam den Widerstand seines Vaters zu spüren. Der König verlangte, die Prinzessin hätte vor ihrem Einzug in Berlin zu konvertieren, und vertröstete den Prinzen Wilhelm, über seine Verbindung mit Elisa ließe sich leichter reden, wenn der Kronprinz erst einen Erben hätte. Wie Wilhelm so verfolgte auch der Kronprinz sein Ziel mit Zähigkeit. Nach drei Jahren vergeblicher Verhandlungen schickte der König den Bischof Eylert an den Hof Maximilians I. Joseph. Prinzessin Elisabeth fand sich bereit, an Unterweisungen im evangelischen Glauben teilzunehmen, wollte aber erst übertreten, wenn es ihre Überzeugung angeraten sein ließe. Eylert wurde zum Fürsprecher dieser Ehe, da er von Elisabeth, was die Religiosität betraf, einen sehr günstigen Eindruck gewonnen hatte.

Im September 1822 stimmte der König endlich zu. Der Butt war »dull« vor Freude, als die Stafette mit dem Jawort Elisabeths in Berlin eintraf. »Gott schenke Dir ein gleiches Glück«, sagte er zu Wimpus und wiederholte diesen Wunsch bei der Hochzeit im November. Der König, dem die erste Schwiegertochter sehr zusagte, verwies dem Kronprinzen die Einmischung in Wilhelms Angelegenheit. Bei den Radziwills in Ruhberg schöpfte man aus der Vermählung neue Hoffnungen, von Schmelzers vernichtendem Gutachten (vergl. Seite 96) war noch nichts bekannt. Auch in der kirchlichen Frage maß Friedrich Wilhelm III. mit zweierlei Maß. Während er Elisabeth drängte, ihr Versprechen einzulösen, überließ er der eigenen Gemahlin großzügig den Zeitpunkt des Übertritts. So wurde die Fürstin Liegnitz erst wesentlich später Protestantin als die Kronprinzessin. Den Übertritt der Tochter Charlotte zum griechisch-orthodoxen Glauben hatte der König mit Rücksicht auf russische Wünsche ohne weiteres gebilligt.

»Endlich einmal eine Verbindung ohne Verdruß«, sagte der König, als sein dritter Sohn Karl den Wunsch äußerte, die sechzehnjährige Prinzessin Marie aus dem Hause Sachsen-Weimar zu heiraten. Der Verdruß sollte sich bald einfinden. Er hätte dazu angetan sein können, die verbündeten Brüder Wilhelm und Karl zu entzweien, denn Karls Glück wurde an Wilhelms Verzicht gekoppelt. 1824 hatten sich in Frankfurt an der Oder Charlotte und Großfürst Nikolaus mit seiner Schwester, der Erbgroßherzogin Maria Paulowna getroffen. Sie befand sich mit den Töchtern Marie und Augusta auf dem Weg nach Petersburg zu ihrem Bruder, dem Zar Alexander. Die Prinzenbrüder waren vom König zur Begrüßung geschickt. Wimpus fand die dreizehnjährige Augusta reizend, Karl verliebte sich heftig in die ältere Marie.

Der König nahm die Heiratspolitik sogleich selbst in die Hand. Nichts konnte ihm erwünschter sein, als die Bande zur Kaiserfamilie durch eine neue Verbindung zu festigen und auch der Großvater Maries, Großherzog Karl August, war ihm ein zuverlässiger Verbündeter gewesen. Friedrich Wilhelm III. bombardierte sowohl den Hof von Petersburg, wo die Kaiserin-Mutter Maria Feodorowna weiterhin als Autorität in allen Familienfragen galt, als auch den Hof in Weimar förmlich mit Briefen, ohne das erhoffte Echo zu finden. In beiden Residenzen wünschte man Marie für den Thronfolger eines wenn auch kleineren Hauses aufzusparen, der drittgeborene Sohn einer großen Dynastie reizte weniger. Der Kurprinz von Hessen war ins Auge gefaßt. Zum Glück für Marie zerschlugen sich die hessischen Pläne, denn der spätere Kurfürst Friedrich Wilhelm verstrickte sich in beschämende Skandale.

Der König schickte nacheinander Müffling, Witzleben und Wittgenstein nach Weimar, um seinem Sohn Karl das Terrain zu ebenen. Aus Petersburg drangen unterschiedliche Meinungen nach Berlin. Charlotte gab ein Arrangement Karl-Augusta und Wilhelm-Marie zu erwägen, was altersmäßig besser gestimmt und Weimar sofort zufrieden gestellt hätte. Wilhelm antwortete ihr: »Von Marie ist jemand mehr wie je enchantiert und an ein Wechseln nicht zu denken.«

Schon Müffling wurde bedeutet, wenn die Kinder einer Elisa Radziwill zur Thronfolge heranstünden, wäre Marie für den dadurch zurückgesetzten Karl zu schade.

Witzleben erklärte dem Großherzog, die Verbindung Wilhelms mit Elisa wäre keineswegs beschlossene Sache, Seine Majestät erörtere sie nur, weil man in Petersburg so lebhaftes Interesse an Wilhelms Glück nehme. Wittgenstein wurde noch deutlicher: Prinzessin Elisa käme nur für eine morganatische Ehe in Frage. Maries Mutter wünschte nach außen hin nicht, die Heirat ihrer Tochter auf den Trümmern von Wilhelms Geschick zu gründen; bei sich sah sie jedoch schon die Thronfolge auf Karls Erben zukommen.

Petersburg und Weimar agierten zur Verärgerung des Königs auf Zeitgewinn. Wilhelm schrieb im November

1825 an Elisas Mutter: »So wird sich mit des Himmels Beistand doch gewiß noch alles zum Besten wenden und ein Bruder nicht der Störer des Glücks des anderen werden.«

Maria Paulowna trug auf zwei Schultern. Im Grunde ihres Herzens war es ihr nicht willkommen, wenn Wilhelm sich von Elisa trennte. Er wäre dann frei geworden für eine ebenbürtige Heirat, und Maries Karl hätte das Nachsehen. Tatsächlich aber deklassierte sie Elisa, wo sich Gelegenheit bot, wohl wissend, daß Wilhelm freiwillig nicht von ihr ließe. Der Kaiserin Mutter schickte sie einen für den König bestimmten Briefentwurf des Großherzogs, worin verächtlich von der »Demoiselle Radziwill« gesprochen wurde, deren Kinder niemals zur preußischen Königsfamilie gehören dürften, ja die polnische Prinzessin – man war in Weimar ebenso keck wie taktlos – hätte bei Hofe keinen anderen Rang zu beanspruchen als die Fürstin Liegnitz. Verlangt wurde hierfür sogar die Form eines Hausgesetzes, das durch befreundete Herrscher zu garantieren wäre.

Das über zwei Jahre währende Hin und Her zwischen den drei Höfen kann hier nur sehr verkürzt wiedergegeben werden. Im Verlaufe der schier endlosen Korrespondenz versicherte der König der Kaiserin-Mutter einmal, Wilhelms Sache werde durch Adoption im königlichen Hause befriedigend geregelt, so daß der Verbindung Karls mit Marie nichts mehr im Wege stünde. Man redete aneinander vorbei, denn Maries Mutter fand über den Status Karls als troisième fils nicht hinweg. Am Ende gelang es Maria Feodorowna, das zeigte ihren ungebrochenen Einfluß, die Tochter umzustimmen. Falls der König Karls wegen dem Sohn Wilhelm die Heirat mit Elisa untersagte, wäre Maries Einleben in Berlin von Anfang an beschwert, und auch Karl würde keiner Bedingung zustimmen, die das Glück Wilhelms gefährdete.

Der Großherzog Karl August machte sich die Vorstellungen seiner Schwiegermutter zu eigen. Weimar entschloß sich, der Heirat Maries mit Karl zuzustimmen, ohne Forderungen an Wilhelm zu stellen. Da dieser Entschluß nach den matriarchalischen Gegebenheiten wiederum der endgültigen Absegnung durch Maria Feodorowna bedurfte, verzögerte sich die Mitteilung nach Berlin auf eine für Wilhelm verhängnisvolle Weise. Charlotte wurde nicht unterrichtet, damit der König den Bescheid aus erster Hand von Weimar erhielte.

In Berlin hatte ein Bericht im »Hamburger Correspondenten« für Aufregung gesorgt. Das Blatt meldete aus Petersburg, daß eine Prinzessin Stephana Radziwill Hofdame bei den Kaiserinnen geworden wäre. Der König schrieb empört an Charlotte: »Und Wilhelm will eine Prinzessin dieses Hauses in das Preußische einführen! Wie soll sich das reimen?« Aber nicht diese Notiz gab den Ausschlag. Wilhelms Vater wollte um jeden Preis die Ehe des Prinzen Karl, die er für den einzigen Lichtblick seiner Heiratspolitik hielt, einbringen. Allein aus diesem Grunde hat er so abrupt im Juni 1826 (vergl. Seite 128) Wilhelms Verlobung aufgehoben. Die Zusage aus Weimar, die Wilhelms Problem unberührt ließ, traf kurz nach dem Spruch des Königs in Berlin ein, obwohl sie schon Wochen vorher konzipiert war. Jagow, dem die Klärung der Zusammenhänge zwischen den Eheabsichten Wilhelms und Karls zu danken ist, spricht mit Recht »von der tragischen Ironie in diesem Drama, daß die Weimarer Entscheidung nicht mehr rechtzeitig nach Berlin gelangt ist.«

Karl und Marie heirateten im Mai 1827. Der König ließ sich zu Wilhelm herab: »Ich hoffe, Du wirst auch bald so weit sein.« Wilhelm resignierte. »Ein Glück sich bilden zu sehen, das auf den Trümmern des meinigen erbaut wird, können keine Worte wiedergeben.«

Die bisherige Darstellung könnte den Eindruck erwekken, als hätte sich Prinz Wilhelm bis zum neunundzwanzigstens Lebensjahr, bis zu seiner Entlobung, nur Elisa genähert. Er hat sich aber neben schwärmerischem Briefwechsel und kurzen Begegnungen mit ihr nicht blind gemacht für die Reize ringsum. Er war bei seiner vorzüglichen Erscheinung der umworbenste Mann am preußischen Hof, das männliche Schönheitsideal seiner Zeit wie vor ihm Prinz Louis Ferdinand und nach ihm der spätere Kaiser Friedrich III. Die junge Komtesse Dohna soll sich in den Kopf gesetzt haben, ihn zu heiraten. Es blieb eine Episode.

Ernster war die Affäre mit der schönen Emilie v. Brockhausen, der Hofdame der Kronprinzessin. Solche Amouren pflegte man in den Residenzen mit Nachsicht zu behandeln. Wo Ungeliebte geheiratet werden müssen, ist der verborgenen Liebe ein freierer Auslauf gewährt. Anfangs hat Wimpus bei der anziehenden blonden Emilie nur platonische Zuflucht gesucht. Sie hörte seinen Klageliedern um Elisa aufmerksam und teilnehmend zu, ließ es aber nicht bei verbalem Trost bewenden, sie vergötterte ihn. Er erwähnte ihren Namen gelegentlich in Briefen an Elisas Mutter, es sollte die Beziehung verharmlosen. Dann drang der Klatsch bis nach Posen, Elisa fühlte sich bis in die Träume von der Nebenbuhlerin verfolgt und schalt Wilhelm. Es wies solche Verdächtigungen zurück. Elisa entschuldigte sich, diesmal persönlich, bei ihm: »O! verzeihen Sie mir! Eh mein Herz diese Gewißheit nicht erlangt hat, wird es nicht aufhören zu bluten. Daß ich, die Ihnen nur Freud und Glück schenken möchte, Sie freiwillig nicht, aber doch durch meine Unvorsichtigkeit kränkte, läßt mir keine Ruhe, und ich kann sie nur dadurch fürs erste wiedergewinnen, daß ich selbst schreibe, selbst anklopfe an jenem liebenden Herzen, von welchem ich immer verstanden zu werden hoffe. Wilhelm! Das Ende Ihres Briefes war so schön! ich ergreife die Hand und sage: ›es ist alles beim Alten‹, und meine Liebe möchte wachsen, wenn es nur möglich wäre, denn sie hat den Gipfel schon erreicht. – Die Emilie, die Sie achten und liebenswürdig finden, steht meinem Herzen (nun ich im Ernst rede) sehr nah, sie hat mich immer angezogen, sagen Sie ihr das, daß ich verspreche, sie zu lieben.«

Nachdem Elisa dem Prinzen endgültig versagt war, loderte die Leidenschaft für die Brockhausen heftiger auf, ja es schien so, als wollte Wilhelm dem Beispiel des Vaters folgen und sich mit ihr zur Linken verbinden. Der König sprach von einem Wilhelm gefährlich gewordenen Gegenstand und ermahnte den Sohn, nun endlich eine standesgemäße Ehe ins Auge zu fassen. 1828 beklagte sich Elisa bei Charlotte über Wilhelm: »Er ist nicht aufrichtig mit sich selbst und fühlt daher nicht, daß er unentschlossen ist, einen Fehler, den ich in früh'rer Zeit nie, erst jetzt an ihm bemerkt habe und auf welchen ich ihn aus wahrer Liebe aufmerksam mache. Ich beurteile ihn, Gott weiß es! nicht nach dem Urteil der bösen Welt, und Klatschereien haben nie Eindruck auf mich gemacht (eher das Gegenteil bewirkt). Ich urteile nach seinen Handlungen und aus seinen Briefen. In unseren Angelegenheiten kann ich ihm, Gott sei Dank, weder Mangel an Liebe, noch Redlichkeit und Treue, vorwerfen – wenn etwas, nur das, daß er, um uns die lange Qual zu ersparen, die Sache, wenn er sie nicht durchsetzen konnte, hätte entschlossen abbrechen müssen. Daß E. B. an seiner Unentschlossenheit schuld ist, glaubte ich fest, sowie daß er sie, ohne es selbst zu wissen, mehr liebt, nicht als er mich geliebt hat, aber als er mich jetzt liebt, gewiß. Bald nach unsres Schicksals Entscheidung sprach aus seinen Briefen ein geteiltes Herz und später, in der letzten Zeit, Unwille gegen uns, weil er uns gegen sich und E. B. ungerecht findet.«

Gegen Ende des gleichen Jahres ging Wilhelm in sich und wollte Elisa in einer Beichte, die erst nach seinem Tode übergeben werden sollte, gestehen, daß er falsch Zeugnis abgelegt hätte. Dieses Vermächtnis ist erhalten. Er ergeht sich darin in religiösen Beteuerungen und allgemeinen Selbstanklagen und verklingt, bevor er zur eigentlichen Bekennung der Geschehnisse gelangt. Erst nach dem Ableben von Elisa und Emilie erinnerte sich Wilhelm: »Es sollte ein Geständnis folgen, daß ich Emilie von Brockhausen liebte und sie mich, aber erst nach 1826, welches Jahr uns trennte. Dies ist die volle Wahrheit.«

Die vielen hundert Briefe Wilhelms an seine Tante Luise sind eine unerschöpfliche Quelle, was seinen weiblichen Umgang betrifft. Offenherzig zählte er auf, wer ihm auf den vielen Bällen, die er zu besuchen hatte, gefiel und warum, belustigend manchmal, warum schließlich auch nicht. Er hatte eine sehr gängige Formel zur Hand: »Wer liebt, der kann viel ungestörter und dreister auch gegen andere Liebenswürdigkeit huldigen, ohne mißverstanden und verkannt zu werden. Aber freilich verstehen muß man sich, sonst gehet es wie Elisa und mir Anno 1821 mit Marie

Hessen. Darüber kann ich mich noch immer nicht trösten, daß sie es sein mußte, welche Argwohn erregte.« Tatsächlich war er der Prinzessin Marie von Hessen-Kassel sehr zugeneigt, bevor er Elisa ganz für sich entdeckte. Auch hat er Marie öfter mit der Weimarer Augusta verglichen und war unentschieden, wem der Vorzug zu geben sei. Auf Charlottes bohrende Fragen schrieb Wilhelm noch 1819: »Ewig hatte allerdings Anno 1817 im Winter mich etwas touchiert, noch mehr vielleicht in Posen. Aber vergangenes Jahr habe ich mich abgekühlt, seitdem ich anfing, auf den Spiritus zu achten, welcher nicht recht dem Äußeren nach entspricht. Ich bin neugierig, wie sie sich diesen Sommer formiert haben wird. Wegen Marie Hessen habe ich oft genug geäußert gegen Dich, daß bei ihr der Spiritus noch höher stehet als die äußere Anmut. Also ich bin immer noch ungefangen.«

1823 ist die letzte Abwägung zwischen Elisa und Marie Hessen zu finden, die Waage hatte sich deutlich geneigt: »Je mehr ich Marie sehe, je mehr muß man sie schätzen und lieben; aber wie verschieden ist sie von Ewig! Das innige und tiefe Gefühl, was sich bei dieser stets zeigt und ihr diese hohe Lieblichkeit gibt, ist bei jener nicht so bemerkbar; die große Lebhaftigkeit mit dem lebendigen Verstand unterdrücken jene höheren Gefühle, nach denen mein Herz gerade so verlangt. Immer mehr fühle ich, daß nur Elisa mein Herz besitzt und besitzen kann!« Die Freundschaft zur heiteren Marie hielt an, auch als sie Herzogin von Sachsen-Meinigen wurde.

Sobald das Strohfeuer für die Brockhausen erstickt war, drängten verschiedene Projektemacher Wilhelm, der den Verlust Elisas noch nicht verwunden hatte, zur Heirat. Zu

Augusta rieten ihm Prinz Karl und Marie, fast alle Russen, an ihrer Spitze die Kaiserin-Mutter und allen voran der königliche Vater. Zarin Alexandra hatte einen anderen Vorschlag: Pauline, die Nichte des Königs von Württemberg. Für diese Partie verwendeten sich Wilhelms Schwester Luise, der Kronprinz und seine Gemahlin und der alte Freund Brause.

Wilhelm ging also auf »Besichtigungsreise«, um die »Gegenstände« zu mustern. Augusta kannte er schon flüchtig. Flüchtig, weil Wilhelm meist auf die Jagd geschickt worden war, während Karl mit Marie getändelt hatte. Pflichtschuldig meldete er dem Vater seinen Eindruck vom Besuch in Belvedere: »Wäre mein bisheriges Geschick nicht so ernst und streng gewesen, so würde ich vielleicht jetzt schon imstande sein, einen Entschluß zu fassen. Aber gerade die ernste Richtung meines Charakters erlaubt mir nicht, so rasch mich zu entscheiden; und es ist ein Etwas in mir, was mich vor dieser Entscheidung zurückhält; und ich weiß nicht zu sagen, ob dies der Glaube ist, daß ich einen anderen Gegenstand finden werde, oder ob es der Wille ist, mich durch die Bekanntschaft anderer nur noch mehr zu überzeugen, daß ich bereits die gefunden habe, die der Himmel mir bestimmt haben mag.«

Es ehrt den König, daß er Wilhelm erlaubte, sich von Pauline ein Bild zu machen. Auf dem Wege zu ihr begegnete ihm unvorbereitet eine Erscheinung, die ihn wegen ihrer Ähnlichkeit mit Elisa in Bann schlug. Es war die Tochter des Exilkönigs Gustav IV. Adolf von Schweden, Prinzessin Cecilie. Treuherzig berichtete er der Tante Luise: »Ihre Züge sind sehr stark, bei einem länglichen Gesicht; der schöne Ausdruck in den Augen macht aber vieles gut, und eine sehr schöne Figur. Sie ist fast so groß wie Luise, sehr schlank, eine sehr elegante Taille und eine edle Haltung. Ihr Lob ist ganz einstimmig und allgemein; aber sie ist sehr ernst, still und zurückhaltend, gegen mich wenigstens gewesen, so daß eine nähere Bekanntschaft von ihrer Seite sehr erschwert wurde; dennoch fand ich Gelegenheit, welche die Königin wohl nicht ohne Absicht darbot, so viel mich mit ihr zu unterhalten, um das Lob, welches ihr in allen Beziehungen zuteil wird, wohl für begründet halten zu können.«

Das klingt ziemlich kühl und verbirgt Wilhelms starke Gefühle für Cecilie. Nicht nur das Äußere zog ihn ungemein an, etwa die Art, wie sie die Augen niederschlug, auch ihre ausgeprägte Religiosität kam seinem Wesen entgegen. Cecilie schien seine Neigung zu erwidern, die Königin hätte den Freier am liebsten in Tegernsee festgehalten. Wilhelm traf dann flüchtig auf die gefällige Tochter der Großherzogin von Baden, einer Beauharnais, zu der sich eheliche Beziehungen des suspekten Nöppels wegen verboten.

Pauline von Württemberg, die nächste Station, enttäuschte. »Ihr Teint ist superbe und ihre Haltung sehr hübsch, man kann sie wirklich ein Rosenknöspchen nennen.« Aber die Prinzessin erwies sich als schwerhörig bis zur Taubheit, Wilhelm konnte ihr nur zurufen, was jedermann hören durfte, und gewann in scharfer Beobachtung die Einsicht, daß das Leiden unheilbar sei. Der Großherzog Georg hatte weiterhin eine Tochter des Königs von Bayern auf die Vorschlagsliste gesetzt. Ludwig I., der dem Schwiegervater des Butts auf den Thron gefolgt war, hatte es ihm nahegelegt. Wilhelm dazu: »Alle Generationen bewerben sich nachgrade um – mich, kann ich nicht sagen, sondern um meine Stellung.« Er blieb überzeugt, daß alle diese

Ansinnen in nichts zerfielen, wenn dem Kronprinzen ein Sohn geschenkt würde.

Von der Brautschau nach Berlin heimgekehrt, schwankte Wilhelm noch immer zwischen Augusta und Cecilie hin und her. Der Vater gewährte ihm Aufschub der Entscheidung durch eine mehrmonatige Reise nach Petersburg in der Hoffnung, die dortige Weimarpartei würde den Sohn auf den rechten Weg bringen. Inzwischen bestellte sich der König von Hufeland ein Gutachten, das die Vererbbarkeit von Geisteskrankheiten dartat. Oberst Gustavsson, wie sich Exkönig Gustav in Deutschland nannte, war geistesgestört. Wilhelm hatte ihn nicht zu Gesicht bekommen.

Aus Petersburg schrieb er dem Vater: »Als Sie im Oktober vorigen Jahres von mir eine Erklärung wünschten, welchen Entschluß ich in Folge der im Sommer unternommenen Reise zu fassen gesonnen sei, war meine Antwort, daß die Bestimmung meiner Zukunft von der Wahl zwischen Prinzessin Augusta und Prinzessin Cecilie abhängig sei als denjenigen beiden Prinzessinnen, welche mir von den kennengelernten als die ausgezeichnetsten erschienen. Diese Wahl jedoch damals gleich zu treffen war mir meiner Überzeugung nach nicht möglich, weil dazu eine Kenntnis in gleichem Maße von beiden Prinzessinnen gehörte, ich bis dahin aber nur Prinzessin Augusta in so weit hatte kennen lernen, daß ich mir ein ziemlich gegründetes Urteil über sie erlauben durfte, dahingegen ich Prinzessin Cecilie nur erst flüchtig konnte kennen gelernt haben, da ich sie nur wenige Tage sah. Da aber trotz dieser flüchtigen Bekanntschaft Prinzessin Cecilie mich dennoch beschäftigte, und zwar auf eine Art, die ich nicht von der Hand zu weisen dürfen glaubte, so ging meine Bitte an Sie, die Sie auch genehmigten, dahin, daß ich eine nähere Bekanntschaft der Prinzessin Cecilie auf eine nicht auffallende und Niemand compromittierende Art suchen dürfte.« Es folgt ein vorsichtig zweifelndes Eingehen auf Hufelands Gutachten.

»Aus allem Angeführten glaube ich aber nunmehr erneut den Schluß ziehen zu müssen, daß es Ihnen lieb wäre, wenn die mir getanen Vorhaltungen mich bewegen könnten, nach Ihrem Wunsche von der näheren Bekanntschaft der Prinzessin Cecilie abzusehen und mich für Prinzessin Augusta zu entscheiden. Wenn ich nun dies auch nicht unbedingt zu tun vermag, so sehe ich mich dennoch veranlaßt, meinerseits einen Schritt zu tun, der mich über meine Zukunft aufklärt, indem ich mir erlaube, die Frage zu stellen: ›ob Sie aus jenen Gründen mit dem quästionierten Gutachten in Händen von Ihrem höchsten und väterlichen Standpunkte aus die Pflicht zu haben glauben, Ihre Einwilligung der in Rede stehenden Verbindung zu versagen, falls ich nach genauerer Bekanntschaft der Prinzessin Cecilie um deren Hand wirklich anhielte?‹ Von Ihrer gnädigen Beantwortung hängt dann natürlich mein ganzes ferneres Verhalten ab.«

Mit allen Mitteln trieb der König Wilhelms Eheschließung mit Augusta vorwärts. An die Tante Luise schrieb Wilhelm: »Denken Sie sich, daß er hier mit der Großfürstin schon gesprochen hat über mich und ihre Tochter, noch gar nicht wissend, daß ich jenen Schritt tun würde! Ich erkenne den König darin garnicht.«

Cecilie im Herzen hätte er diese Kritik dem König ins Gesicht sagen sollen. Statt dessen erbat Wilhelm, wie so oft in Ratlosigkeit, vom Vater den Machtspruch, aus eigenen Stücken wollte er auf Cecilie nicht verzichten. Der König entschied, »auf Prinzessin Augusta Rücksicht zu nehmen«,

Prinzessin Augusta

und Wilhelm war die Wahl abgenommen. »Die Worte des Dankes gegen Sie, teuerster Vater, kann ich nicht unterdrücken, daß Sie durch Ihren Ausspruch meinem Leben eine bestimmte Richtung gegeben haben.«

Großherzog Karl August, der Großvater Augustas, äußerte Müffling gegenüber Befriedigung: »Ei, meine Exellenz, welche vorzügliche Nachricht hat mir heute Mittag die Post von Ihnen eingebracht! Das habe ich nun nicht erwartet; ich hatte alle Hoffnung aufgegeben und glaubte, Prinz Wilhelm würde im Zölibat seine Tage vertrauern!« Dennoch bestand Karl Augusts Sohn, der Erbgroßherzog, darauf, die Prinzessin sollte ihrem Vater schriftlich erklären, daß sie Wilhelms Werbung annähme. Augusta schrieb: »Da nun, lieber Papa, man dem Prinzen gestattet hat, sich hier aufzuhalten, und man ihn so gut behandelt, da man vor allem erklärt, daß meine Wahl maßgebend sei, und ich persönlich nichts gegen ihn habe, scheint mir der Augenblick zu einer sehr peinlichen, sehr wichtigen aber notwendigen Entscheidung gekommen, und deswegen erbitte ich Ihren väterlichen Segen für Ihr Kind, das ihrer Zukunft mit Ergebung, Gottvertrauen und Dankbarkeit für die mir gewährte Anteilnahme entgegensieht.«

In Wilhelms Werbungsschreiben an die Prinzessin Augusta hatte es geheißen: »Ich darf Ihro Hoheit in diesem wichtigen Augenblick an die gütige, ja ich darf sagen, freundschaftliche Weise erinnern, mit welcher Sie mir bisher stets begegneten. Hierdurch allein ermutigt, durfte ich es wagen, Ihnen ein Geständnis auszusprechen, zu dem ich sonst wohl vergeblich den Mut gesucht haben würde. Von Ihrem Ausspruch hängt es ab, ob ich zu viel wagte oder ob mein getaner Schritt so liebevoll von Ihnen aufgenommen wird, als er mit Herzlichkeit von meiner Seite geschah. Täuschte mich mein Herz nicht, so darf ich hoffen, bald die Bestätigung meines Glücks von Ihnen zu erfahren. Gewährt mir Gott diese Gnade, so eile ich, von Dank gegen ihn und gegen Sie erfüllt, meine Dankbarkeit selbst zu Ihren Füßen niederzulegen. Ich unterzeichne mich als Ihro Hoheit ganz ergebenster Diener Wilhelm, Pz. v. Pr.«

Elisa hatte Wilhelms erste Schritte in Weimar mit innerer Erregung verfolgt: »Uns ist es recht klar geworden, daß man ihn dorthin schickte, damit er die zweite Schwester kennen lernen sollte, und sie hat ihm ausnehmend gefallen; weniger blendend als die älteste, die noch schöner soll geworden sein, ist sie viel anziehender, lebhafter, graziöser, kurz eine höchst interessante Erscheinung. Mit Schmerz mußte ich es Lulu'n eingestehen, daß es glücklich wäre, wenn er – mich vergessend – sie wählte; aber daß es die Tochter derjenigen ist, der wir unsere Trennung verdanken, kam mir sehr bitter vor.« Sie hielt Augusta für »klug aber kalt«.

In einem Brief an den König berichtete Wimpus, wie er beschloß, »meinen Angriff direkt zu machen«. Ein Fächer bot den Anlaß. »So kam es denn, daß ich am 16. Abends nach dem Souper allein im Salon stand mit ihr, ihren zerbrochenen Eventail in der Hand haltend; sie verlangte denselben zurück und indem ich denselben hinhielt, legte ich meine Hand in die ihrige, sie fragend: wollen Sie diese behalten? Sie verlor fast alle Contenance vor Rührung, reichte mir aber gleich darauf die Hand hin und dieser Händedruck und ihr Blick sprachen Alles aus, was ihr Mund nicht auszusprechen vermögend war. Sie können sich denken, wie glücklich ich war und daß die Nacht ziemlich schlaflos dahinstrich ... Nach dem Vorgefallenen sehen Sie, daß ich das Ja-Wort der Prinzeß eigentlich bereits habe. Ich glaube mit Zuversicht Ihnen sagen zu können, teuerster Vater, daß ich Ihnen eine Tochter zuführe, mit der Sie zufrieden sein, die Ihnen ihre ganze Liebe schenken wird und der Sie gewiß die Ihrige dann nicht versagen werden.«

Fünf Tage später schilderte Wilhelm dem Vater den Tag, an dem ihm Augusta in Weimar das offizielle Jawort gegeben hatte. »Ich kann nicht genug rühmen und loben, wie sehr sämtliche Herrschaften mich mit Gnade und Barmherzigkeit empfingen bei diesem entscheidenden Schritte. Wie unendlich gut und liebevoll Augusta in diesen Tagen für mich war, und wie ich nun heute in dem entscheidenden Moment so ganz ihre Liebe zu mir erkannt habe, vermag ich nicht zu schildern. Ich verstehe mich manchmal selbst nicht. Denn so wenig bin ich gewohnt, ein Glück festzuhalten und zu besitzen. Die ersten Worte, die mir Augusta heute sagte, zeigten mir eine Tiefe des Gefühls, die sie mir über alles teuer macht; sie sagte: ›Möchte ich Ihnen doch jemals die ersetzen können, die ich ersetzen soll!‹ Zweimal wiederholte sie diese Worte.«

Von allen Seiten drang an Elisa die Kunde, wie gut Wilhelms Verlobte von ihr spräche. Elisas Sinneswandel bezeugt ein Brief an die Prinzessin Marianne: »Ich kann es Ihnen nicht verbergen, daß es mir eine Freude machte im ersten Augenblick, von Prinz Wilhelms Braut als seine wahrhafte Liebe betrachtet zu werden, aber Gott verhüte es, daß ich ihren Rechten je zu nahe trete und daß Erinnerung der Gegenwart schade. Nein, sagen Sie dem Prinzen, daß mein Gebet das Glück seiner Frau ist, und daß ich wahrhaft glücklich sein werde, zu hören, daß ihre Ehe durch gegenseitige Liebe und treue Pflichterfüllung eine Freude würde für alle Zeugen.«

Die kluge Mutter Augustas, Großfürstin Maria Paulowna, bestand darauf, daß Wilhelm vor der Hochzeit Gelegenheit nehmen sollte, sich von Elisa zu verabschieden. Eine Woche vor der Trauung besuchte er Ewig in Antonin. Elisas Briefe über dieses Ereignis sind verschollen, wir bleiben auf ein Zeugnis ihrer Mutter an Prinzessin Marianne beschränkt: »Um 12 Uhr war P. W. schon da. Ich ging ihm entgegen. Er war in so heftiger Bewegung, daß auch ich meine Fassung verlor und in großer Sorge ihn in mein Zimmer führte, wo E. und Wanda waren. Er war so aufgelöst in Tränen und Schmerz, scheint wirklich E. noch so lieb zu haben, daß ich, seitdem ich daran zurückdenke, mir sage: Es war doch gut, daß ich meiner Überzeugung folgte, ihn und Berlin nicht wiedersah. Es wäre wieder losgegangen und ich hätte mir selbst und andere mir den Vorwurf gemacht, ich hätte diese Liebe wieder angefacht und begünstigt. Der Eindruck, den es auf E. machen würde, machte mir Sorge. Doch, wie Gott es gewollt, so ist es gekommen, und Elisas Herz hat seine Liebe wohlgetan ... E. ist ruhiger zufrieden als vor, daß sie ihn sah, und das schmerzliche Gefühl hat er verwischt. Sie weicht der Notwendigkeit, dem väterlichen Willen, nicht dem Leichtsinn und dem Wankelmut seines Herzens, und so wird ein schönes Verhältnis zwischen ihnen bestehen.«

Augusta lebte sich in Berlin schwer ein. Diese Vernunftehe war nicht auf Liebe gegründet, so sehr sich die Prinzessin anstrengte, Wilhelms Herz zu gewinnen. Er verehrte sie, sie genoß die Verehrung aller. Goethe beurteilte sie gegenüber Zelter: »Sie verbindet frauenzimmerliche und prinzeßliche Eigenschaften auf eine so vollkommene Weise, daß man wirklich in Verwunderung gerät und ein gemischtes Gefühl von Hochachtung und Neigung in uns entsteht.« Augusta brachte aus Weimar jene Prise geistigen Hochmut mit, mit der sie Preußens Machtstreben zu veredeln trachtete. Im Musischen verfügte sie über nicht mehr als den Fundus einer gebildeten Dame ihrer Zeit, das Interesse für die Wissenschaften war indes bemerkenswert.

Der geistig anspruchslosere Prinz Wilhelm tadelte in einem Brief an die Schwester Alexandrine Augustas Prestigebedürfnis: »Wenn Du glaubst, daß Augusta mich oft, als zu kindisch, nicht ganz befriedigt, so ist das nicht der Fall, da sie, im Gegenteil, eigentlich zu wenig die Tendenz ihres Alters hat und mich eher in dieser Hinsicht impatientieren könnte. Ihr Verstand ist so gereift und ihre Urteilskraft so scharf, daß sie sich zu oft in Diskussionen einläßt, die sie allerdings mit voller Umfassung des Gegenstandes durchführt, die aber eigentlich über ihre Sphäre gehen, was ihr dann natürlich nicht nur Selbstgefühl gibt, dergleich Diskussionen zu suchen, sondern ihr einen Anstrich von femme d'esprit gibt, der nicht erwünscht für sie ist, weil sie überhaupt schon in der Reputation immer stand, daß der Verstand über das Herz regiert. Dies ist nun glücklicherweise nicht der Fall, wie ich mit voller Wahrheit versichern kann; aber wer sie nur jene Diskussionen führen hört, wird jene Reputation begründet zu finden glauben, und das ist mir unlieb. Ich habe sie schon oft darauf aufmerksam gemacht und ihr auch namentlich empfohlen, ihre sehr gereiften Geistesgaben wenigstens dadurch in Einklang mit ihrem Alter und mit ihrem Geschlecht zu halten, daß ihre Äußerungen weniger als ein festes Urteil erscheinen, als vielmehr als eine Meinung.«

Ihre Gewandtheit, jedem ein paar persönlich zugemessene Worte zu sagen, war in Weimar geschult worden, die künftigen Adressaten hatte man durch aufgereihte leere Stühle markiert. Bei der Konversation pflegte sie sich Wendungen geistvoller Leute anzueignen, um sie dann als eigene Ansichten zum besten zu geben. Im Politischen entwickelte sie sehr persönliche Vorstellungen. Die Ermordung des Großvaters, des Zaren Paul, hatte sie einem Rußland, auf das das offizielle Preußen so hohe Stücke hielt, völlig entfremdet. Sie war anglophil, befürwortete das britische konstitutionelle System, dem ihr Gatte aus Tradition abhold war. Mit Schloß Babelsberg hielt der Tudorstil Einzug an der Havel. Hier war der Ort, wo Wilhelm und Augusta sich ihre konträren politischen Ansichten nach der Revolution 1848 wechselseitig durch Briefe von einem Stockwerk ins andere vorhielten.

1831 gebar sie unter furchtbaren Schmerzen den Thronfolger, den nachmaligen Kaiser Friedrich III. Die Geburt begründete ein kürzeres Familienglück. 1838 folgte eine Tochter Luise, die spätere Großherzogin von Baden. Nach zwei eingetretenen Fehlgeburten erklärte Augusta, ihren dynastischen Pflichten genügt zu haben, die Ehegemeinschaft erschöpfte sich künftig in Höflichkeiten. Prinz Wilhelm, der seinen Sinn für Frauenschönheiten nicht verloren hatte, ging eigene Wege, Augusta bekümmerte es nicht mehr, sie hielt Eifersucht für eine das Selbstbewußtsein erniedrigende Regung. Ihre moralische Toleranz im Umgang mit Männern selbst von gewagtem Esprit und auch Frauen, denen ein Hang zur Leichtfertigkeit anhaftete, ließ sie keinen Augenblick das Gebot der eigenen Würde vergessen. Sie fand sich damit ab, nur geachtet, nicht geliebt zu werden.

Von Anfang an hat sie wohl gewußt, daß sie dem Prinzen Wilhelm Elisa in Wahrheit nicht ersetzen könnte, gleichwohl hoffte sie zu Beginn der Ehe, Wilhelms Liebe noch zu gewinnen, indem sie ihn in endlose Gespräche über Ewig verwickelte; er wurde nicht müde, sich in Erinnerungen zu verlieren. »Wenn ich an die Zukunft denke, empfinde ich immer das Gefühl dessen, was ich für Sie, lieber Wilhelm, sein möchte und noch nicht bin.« Sie versenkte sich sogar in Salvandys »Histoire de Pologne« . Der Schwester Augustas, Marie, hatte Wilhelm gestanden: »Passion empfinde ich

Abendgesellschaft in Ruhberg.
Nach einer Zeichnung Elisas

nicht, aber ich will sie glücklich machen.« Der früheren Hofdame der Königin Luise bekannte er: »Die Prinzessin ist schön und klug, aber sie läßt mich kalt.«

Wir sind über Wilhelms Innenleben so genau im Bilde, weil er zeitlebens seine Empfindungen bekundet hat. Der junge Ehemann verbarg nichts. »Nur ein Gedanke drückt mich oft zu Boden; es ist der: daß es mir so gut geht, während Ewig so dastehet! Ich muß alle meine Gefühle zusammennehmen, um mir zu versichern, daß mein Gewissen rein gegen sie dastehet, daß eine höhere Macht es so wollte, aber es drückt mich dennoch gewaltsam nieder.«

Prinzessin Marianne übermittelte der Freundin Elisa eine Äußerung Augustas, die bestrebt sei, »Wilhelms Vertrauen zu besitzen, daß er ihr immer nur von Elisa sprechen möchte.«

Ein großes Familientreffen führte Wilhelm und Augusta mit Elisa in Schlesien zusammen, nachdem vorher schon Maria Paulowna sich entzückt von Elisa bei einem Besuch in Antonin ausgesprochen hatte. Für Wilhelm war diese Begegnung eine Enttäuschung, Elisa wich seinem Wunsch, wenigstens ein paar Worte mit ihr zu wechseln, aus. Augusta glaubte sich dem Ziel, Elisa für sich zu gewinnen, näher.

Sie schrieb: »Alles ist glücklich vorüber, und aus einer Bekanntschaft ist eine innige Freundschaft entstanden ... Ich erkenne, daß es einen entscheidenden Einfluß auf mein Glück haben wird, denn sie gab mir manchen guten Rat, und der Prinz konnte mir auf seine Art nicht genug seine Freude und Dankbarkeit über dieses Verhältnis zu erkennen geben.«

Elisa sprach sich über Augusta etwas verschleierter aus: »Du weißt, ich habe mich schon immer für sie interessiert und war entschlossen, wenn sie irgendeinen Schritt des Vertrauens täte, ihr darin entgegenzukommen ... An diesem Sonnabend nachmittag kam es zwischen Prinzessin Augusta und mir zur Sprache. Ich saß in der Boisseriegalerie zwischen ihr und Prinzeß Karl, die für nötig hält, der Schwester alles nachzumachen und rhapsodisch eine Passion für mich bekommt, wo sie dann alle ihre Fehler beichtet und mich für eine Heilige erklärt. Ich könnte Dir darüber manches erzählen, wo Du platzen würdest, aber sie ist wirklich von einer Gutmütigkeit und Freundlichkeit, daß es unverzeihlich von mir wäre, wenn ich es täte; ich verschweige es deshalb auch ihren Schwägerinnen, die nur zu gern über sie lachen. So will ich Dir auch nichts von den Herzensergießungen der Schwester Augusta erzählen, weil ich es ihr fest versprochen habe, ihre Geheimnisse heilig zu halten, und bitte Dich deshalb, außer Fritz niemand von diesen Dingen zu sprechen und lieber meine Briefe zu zerreißen, wenn Du nicht ganz gewissenhaft sie unter Schloß und Riegel hältst. Ich wäre wirklich undankbar gegen Gottes unbeschreibliche Gnade, wenn ich meine Lage drückend fände. Wohin ich nur sehe, finde ich Herzen, die mich lieb haben.«

Fortan setzte eine sehr lebhafte und liebevolle Korrespondenz zwischen Augusta und Elisa ein, die auch den Prinzen Wilhelm einbezog. Das Verhältnis kühlte erst wieder ab, als die Radziwills sich vor der polnischen Revolution, die freilich Posen nicht erreichte, nach Berlin zurückzogen. Acht Jahre waren sie fortgeblieben. Praktisch erlosch Fürst Antons Statthalterschaft, als Fehlschlag beurteilt, mit dieser Rückkehr. Die Institution des Statthalters wurde erst nach Antons Tod aufgehoben, die Germanisierungspolitik des Oberpräsidenten Flottwell schob sich ungehemmt vor.

»Die erste Visite«, schrieb Elisa, »war Prinzeß Augusta, mit der jedoch meine in Schlesien begonnene Liaison keinen so guten Fortgang gehabt hat, als ich erwartete. Ich habe schon gedacht, es läge an mir, vielleicht bin ich auch zu schlaff gewesen, weil man immer auf demselben Punkt bei ihr bleibt. Ich komme nicht fort mit ihr – und basta!«

In Wahrheit hatte die Warschauer Revolution eine Schranke zwischen den Familien aufgerichtet. Fürst Adam Czartoryski, dessen Neffe Elisas Schwester heiratete, bildete eine polnische Nationalregierung. Den Oberbefehl über die Truppen, die den Großfürsten Konstantin verjagten, erhielt Fürst Michael Radziwill, der Bruder von Elisas Vater. Während Prinz Wilhelm schon vier preußische Korps den Russen zu Hilfe kommen sah, wurden im Palais Radziwill Mullbinden für polnische Verwundete gewickelt. Fürst Anton, loyaler Gefolgsmann des Königs, befand sich in einem peinigenden Zwiespalt, Elisa und ihre Mutter hatte ein Patriotismus für die Aufständischen erfaßt. Die polnische Prinzessin dankte dem Himmel, daß die Gefahr, einem Preußen vermählt zu sein, an ihr vorübergegangen war.

Als dann im nächsten Jahr Augusta der Sohn geboren wurde, hellte sich das Verhältnis wieder auf. Spontan schrieb Elisa: »Meine liebe Prinzeß Auguste! Es war ein sehr schönes Gefühl, Sie so ganz glückselig zu wissen, ganz beruhigt über Sie zu sein, zu fühlen, daß Gott Sie auf so sanften Wegen zu sich führt, daß er Sie durch Glück an sich fesseln will. Genießen Sie es rein und ohne Sorgen, meine liebe Auguste! Der Sie so weit geführt, bewahrt, gesegnet hat, wird es auch ferner tun. Der liebe Kronprinz hat uns die frohe Nachricht geschrieben, selbst ganz außer sich vor Freuden und sehr zufrieden, der Erste zu sein, der uns die Botschaft brachte; sie fand uns alle um den Teetisch, und es waren lauter frohe Gesichter. Liebe, liebenswürdige Auguste! Das trauen Sie mir wohl zu, daß ich eine der frohesten war; ich bin außerordentlich glücklich, daß unsere Wünsche so erhört worden sind! Gott hat Ihre Ergebung in seinen Willen gelohnt. Sagen Sie dem Prinzen recht viel innige Grüße und Glückwünsche von mir!«

Fritz Schwarzenberg und Elisas Ende

Fritz Schwarzenberg
kennt alle Dinge bis an fernste Wurzeln
und ist im Stande,
alles naiv anzusehen wie ein unverdorbenes Kind.
Heinrich Laube

Wie viele Zeitgenossen hat auch Heinrich Laube den Fürsten Friedrich v. Schwarzenberg, den zweiten Verlobten Elisas, überschätzt. Der erstgeborene Sohn des Siegers der Völkerschlacht von Leipzig, des Feldmarschalls Karl Philipp Fürst zu Schwarzenberg, war eine der schillerndsten Figuren im Staate Metternichs, seiner Natur nach ein Antipode des Kanzlers und mit eigenen Worten ein Anachronismus im »Staatsameisenhaufen«. Glückliche Jahre hatte er nur 1824 bis 1828 als Chef einer ungarischen Husarenschwadron erlebt, später jagte es ihn unstet umher. Wechselnden Kommandos als Major bei Regimentern in Mähren und Galizien folgte die aufregende Teilnahme am französischen Handstreich gegen Algier. Zurück segelte er als Matrose und wanderte unter dem Wachstuchhut von Marseille nach Paris, wo er in amourösen Umtrieben untertauchte. 1838 beteiligte er sich am Karlistenaufstand, kämpfte 1847 auf Seiten des Schweizer Sonderbunds gegen den General Dufour und focht, obwohl Generalmajor, als schlichter

Landesschütze 1848 in Südtirol gegen italienische Insurgenten. Ein Don Quichotte, ein letzter Ritter, war er überall mit der Waffe dabei und zeichnete in 16 wenig beachteten Bänden seine Taten und Abenteuer als die eines enfant terrible auf.

Nicht nur im Äußeren, einer hohen, eleganten Gestalt, brünett mit blauen Augen, auch seiner Wesensart nach genialisch, geistreich und vermutlich etwas nonchalant in Gelddingen ähnelte Fritz Schwarzenberg dem gefallenen Prinzen Louis Ferdinand, was dessen Schwester, die Mutter Elisas, sogleich für den Kavalier einnahm.

Bei seinem Eintreffen in Böhmen hatten sich die Radziwills vor der Cholera flüchtend auf Teplitz zurückgezogen. Nach dem frühen Tode des Prinzen Wladislav 1831, des jüngeren Bruders Elisas, schien hier das Glück bei der Familie wieder einkehren zu wollen. Die Söhne Wilhelm und Boguslav verlobten sich mit den Töchtern des Besitzers von Teplitz, des Grafen von Clary und Aldringen, Elisas jüngste Schwester Wanda versprach sich dem Prinzen Adam Czartoryski. Adams Onkel hatte 1830 die polnische Nationalregierung gebildet. Nur Elisa sollte den Eltern verbleiben. Da trat Fritz Schwarzenberg in ihren Lebenskreis.

Um es vorwegzunehmen, bis heute bleibt ungeklärt, ob der Fürst die Nähe der Radziwills mit Berechnung gesucht hat, um aus einer Finanzkalamität herauszufinden. Zar Alexander I. hatte dem Feldmarschallvater auf zwanzig Jahre hunderttausend Gulden geliehen, zur Rückzahlung fällig 1835. Das bedeutete eine schwere Belastung, die den Sohn Fritz um so mehr drückte, als er zugunsten seines jüngeren Bruders auf das Majorat über ein Fideikommiß in

Böhmen verzichtet hatte. Sobald sich die Verlobung Elisas mit ihm anbahnte, suchte er die Beziehungen des Brautvaters zum Zaren, die der Brautmutter zum preußischen König zu nutzen, um aus Petersburg eine Aufhebung der Schulden, zumindest ein Moratorium zu erwirken.

Seine Angaben haben sich später als ungenau erwiesen. Es existierten Schuldverschreibungen von seiner, nicht des Vaters Hand, aus dem Jahre 1823, die also erst 1843 fällig gewesen wären. Zar Nikolaus verlängerte die Rückzahlungsfrist ins Jahr 1853. Erlassen konnte er die Schulden nicht, weil es sich um einen vom Finanzministerium gewährten Staatskredit, nicht um ein Darlehen der Krone handelte. Insoweit hatte das Drängen aus Berlin und Teplitz einen Teilerfolg gebracht. Damit Elisas Glück nicht ein zweites Mal scheiterte, versprach ihr Friedrich Wilhelm III. sogar, sicherlich aus einem uneingestandenen Schuldgefühl heraus, eine jährliche Dotation, falls die Heirat zustandekäme. Die Höhe seines Angebots ist nicht bekannt geworden.

Als Fritz Schwarzenberg sich mit Hilfe der Radziwills für zwanzig Jahre vor dem Ruin sicher wußte, zog er sich von Elisa zurück und reiste der Gattin des französischen Gesandten in Weimar, der verführerischen Gräfin Vaudreuil, nach Karlsbad nach. Der materielle Hintergrund wirft einen unübersehbaren Schatten auf die Liebe Fritz Schwarzenbergs zu Elisa.

Er hielt sich für einen Dichter des Jungen Deutschland, seine Erinnerungswerke, Korrespondenzen und die Konversation waren durchsetzt mit Selbstbetrachtungen über seine aus dem Rahmen fallende Individualität. »Mein war der Moment! Des stillen, dauernden Glückes Nektarsaft war mir nicht beschieden«, steht am Anfang seiner Memoiren und an gleicher Stelle:

»Ward viel geliebt und liebte viel
Und konnte nichts dafür.«

Dieser Mann, zugleich Kraftnatur und weltgewandter Charmeur, trat in die Teplitzer Idylle ein, die Strapazen des afrikanischen Kriegsabenteuers und der Pariser Lustbarkeiten hinter sich, und traf auf Elisa, die sich als stille Blume vom Glück ihrer drei Geschwister abseits hielt.

»Wenn ich unter hundert Frauen gestanden wäre, so wäre mein Blick auf sie gefallen, nicht als auf die schönste – daran dachte ich nicht – nein, unwillkürlich. Es war mir, als seien wir uns schon lange, lange bekannt, denn unsere ersten Gespräche betrafen Gegenstände, welche die Seele sonst fest in ihr Inneres verschließt, betrafen meist die wichtigsten Interessen des Lebens, und auch noch so kurz verstanden wir uns über die verwickeltsten Abstraktionen, ohne je dabei einer Meinung zu sein. Ihre Nähe war mir wohltuend wie der kühle Seewind in den Ebenen Afrikas. Prinzeß Elisa ist ein Engel; aber ich weiß nicht, ob es nicht eine Art Strafe für die Engel ist, wenn sie in das Flammenmeer der Verstoßenen wandeln müssen.«

Das Inbild des Engels kehrt in vielen Äußerungen Schwarzenbergs wieder. Er selbst nannte sich einen Räuber. »Ich weiß nicht, ob es Teufel gibt und wie sie aussehen; wenn man aber unter den lieblichsten, reinsten, ätherischen Frauenbildern Engel sucht, dürfte man sich noch mehr täuschen. Sie aber ist eine Ausnahme, das versteht sich, wenn es je deren gibt, und um ein Engel zu sein, fehlen ihr noch die Flügelschwingen.«

An die Mutter Elisas schrieb er: »Geben Sie mir Elisan

nicht! Um Glück mitzuteilen, muß man glücklich sein. Ich bin es nicht, kann es nicht sein.« Offenbar wollte er mit solchen Worten Widerspruch wecken, denn er wußte, wie sehr Luise ihm zugetan, ja blind für seine Schwächen war. Es ist begreiflich, daß Prinz Wilhelm und Augusta, sobald Berichte über die neue Anbahnung nach Berlin gelangten, an Elisas Geschick lebhaften Anteil nahmen. Prinz Wilhelm an seine Schwester: »Ich kann nur beten, daß ihr für ihre Treue und Liebe zu mir eine Zukunft werde, als ich vom Herrn berufen war, über sie hereinzubringen.«

Prinzessin Augusta hatte ihrem Mann sehr kluge Beobachtungen über den Freier Fritz Schwarzenberg mitgeteilt, hat den Abenteurer aus der Distanz treffender abgeschätzt als alle, die Elisa nur einen Ehemann wünschten und das beste an ihm zu finden suchten. »Sein Gesicht ist ausdrucksvoll, seine Augen sind schön, doch stört mich ein etwas sarkastischer Zug. Im Gespräch ist er ungemein geistreich, vielseitig und interessant, aber überall blickt das Bedürfnis durch, seine Ansichten und Grundsätze, die mir von seiten des Gefühls etwas schroff vorkommen, geltend zu machen, zu avancieren und durchzufechten ... Das heißt: die Liebe nur auf einen Punkt mit ihrem heftigsten Feuer zu konzentrieren und das übrige mit einer gewissen Gleichgültigkeit, die der Verachtung nahekommt, zu betrachten. Eigentlich ein ganz südlicher Charakter, nur mit schroffen Zügen der Originalität gezeichnet und mit seltenem Verstande begabt, ein Charakter, der zum glorreichsten Himmel trachten oder in die schwärzeste Hölle versinken kann.«

1826 hatte Elisa sich noch sehr verstört über Wilhelms Werbung um Augusta geäußert: »Daß es die Tochter derjenigen ist, der wir unsere Trennung verdanken, kam mir sehr bitter vor.« Man erinnert sich. Sie fuhr damals fort: »und in dieser Aufregung sagte ich: Ist dem so? so nehme ich den ersten besten, der sich anbietet.« Das war vor sechs Jahren gewesen und gedankenlos hingesagt. Es zeigte sich kein erster bester. Wem der Ruf eines Engels vorausgeht, um den sind unsichtbare Schranken errichtet. Es bedurfte einer so unbekümmerten Draufgängernatur mit bestechender Beredsamkeit, wie Fritz Schwarzenberg sie bot, um Elisa wieder zu erwecken.

Diesmal wollte sie nichts falsch machen, kam dem Werbenden aus eigenem Antrieb freier entgegen und wußte es zu schätzen, daß der Anwärter auf ihre Gunst Herr seiner Entschlüsse war und nicht Opfer von Hofintrigen werden konnte. »Was mir so nötig macht, auf meine Gefühle vor zehn Jahren her zurückzukommen und sie als nicht echt zu verwerfen, ist, daß ich glaube, die echte Liebe erst jetzt kennen gelernt zu haben, die sich ganz hingebende. Aber weiter sage ich Dir auch nichts und beschwöre Dich, nicht weiter zu forschen, nicht herauskriegen zu wollen, wer es ist, denn ich habe einen Aberglauben, die Sache nicht auszusprechen, bis sie entschieden ist.«

Elisa sah in ihrer künftigen Verbindung schon frühzeitig wieder eine missionarische Aufgabe. Sehr bald wußte sie, daß von Fritz eheliche Treue nicht zu erwarten war. »Ein edler, hoher Sinn, einer großen Tiefe des Gemüts beigesellt, das ist Höhe und Tiefe und darüber viel Düsteres und Schwarzes ausgebreitet, das aufzuhellen meine Wonne ist.« Sie machte sich täglich von neuem Mut: »Ich habe nie geglaubt, so noch zu lieben. Ich wußte wohl, daß ich die Fähigkeit besaß, aber daß mein geträumtes Ideal so ins Leben treten könnte, hatte ich nicht geglaubt. Das ist kein augenblickliches Gefühl, keine Exaltation. Vielleicht stößt sich mein Herz daran und denkt, Elisa ist noch gerade wie alle. Aber diesmal ist's Wahrheit!«

In ihr bäumte sich etwas dagegen auf, immer nur für ein überirdisches Wesen angesehen zu werden, dem das gewöhnliche Glück verwehrt sei. »Ich weiß, daß wenn Gott das unermeßlich schwere Opfer, Fritz zu entsagen, von mir forderte, ich es bringen würde. Nun ist aber meine feste Überzeugung, daß Gott dieses Opfer keineswegs von mir fordert, mein Herz sagt lauter ›Nein‹ dazu, ich habe die Überzeugung, daß uns Gott zusammengeführt hat und daß meine Verbindung mit ihm unser beider Seligkeit zur Folge haben würde. Ich habe ein heiliges Recht auf ihn, ich habe es durch zahllose Gebete und Tränen erkauft und weiß, daß Gott sie erhört hat.«

Im letzten Brief vor der Trennung strich Elisa noch einmal die Gaben des Geliebten heraus: »An Verstand fehlt es ihm nicht; weiß Gott, er hat eine Zunge wie ein Messer. Weißt Du, daß er mich heruntermacht über meine Demut und meinen Mangel an Selbstvertrauen und daß er deklariert, ich hätte mehr Verstand als viele Frauen, mit denen er mich vergleichen kann. Ernsthaft gesprochen, beurteilt sich aber vielleicht niemand so streng als er; nur nicht dumm und gemein wäre er, sagte er einmal von sich, sonst könnte man ihn aller möglichen Fehler und Sünden zeihen.«

Erste Zweifel waren ihr schon einen Monat vorher, im Juni 1832, gekommen: »Das ist etwas so Bitteres, wenn man fürchtet, daß man als Täuschung betrachten soll, was Kopf und Herz so erfüllt, was eine ganze Existenz so strahlend beleuchtet hat.« Elisas Vater stellte Schwarzenberg und wollte reinen Wein eingeschenkt haben über die Zukunftsabsichten des Verlobten seiner Tochter. Fritz wich anfangs aus und bekannte dann, an einer damals noch unheilbaren Krankheit zu leiden, deren Charakter kaum zweifelhaft ist. In jenen Tagen hielt die Cholera, der auch Gneisenau und Clausewitz zum Opfer gefallen waren, im Hause der Radziwills in Teplitz Einzug. Als zwei Kammerfrauen dahinstarben, flüchtete man unter Ängsten nach Ruhberg, und erst hier wurde Elisa eröffnet, daß Schwarzenberg sie nie wiedersehen würde. Kurz darauf erlitt sie den ersten Blutsturz.

Von den acht Kindern des Fürsten Anton Radziwill und der Prinzessin Luise von Preußen sind vier der Lungenschwindsucht anheimgefallen. Trotzdem wäre es falsch, von familiärer Disposition zur Tuberkulose zu sprechen. Lungenerkrankungen waren in der ersten Hälfte des 19. Jahrhunderts die Haupttodesursache. Unterernährung kann der Anlaß für mangelnde Immunität gegen Infektionen der Lunge sein. Elisa war nach dem Zusammenbruch ihrer Hoffnungen auf Fritz Schwarzenberg von anhaltender Appetitlosigkeit geschwächt. Noch aus Ruhberg schrieb sie an die Freundin Lulu: »Denke nur, ich weiß jetzt nie mehr von ihm, als was ich auf diese Weise (über Lulu von einem Freund Schwarzenbergs) erfahre, und mein ganzes Leben ist noch in ihm. Gleichgültig kann er mir nie werden. Denke nur, erst nach meiner Ankunft hier erfuhr ich, daß alles vorbei wäre, ganz, ganz vorbei.« Und zehn Tage später an dieselbe: »Das war doch immer mein Hauptgebet, daß Gott seiner Seele Ruhe schenke, schon Ruhe und Glückseligkeit auf Erden, und uns einst bei Sich vereinige. Das Wie, hätte ich Ihm überlassen. Obgleich ich in meinem Lebensplan ihm carte blanche gegeben habe, die Kur zu machen, und ich weiß, daß es seinen Erinnerungen nicht Abbruch tut, macht mir Fleisch und Blut dennoch zu schaffen, daß, wenn ich es mir denke, ich krausköpfig davon werde. Ach, Herzen! Welch ein Unterschied mit Prinz Wilhelm! Schwarzenberg hat viel Exaltation, viel Herz und gar keine Sentimentalität, er ist eher roh, treibt sein Kurmachen, ohne es zu leugnen, aber er scheidet es auch sehr feinfühlend von jedem höheren Gefühl. Die, die er hochstellt, können stolz darauf sein.«

Es war ein trauriger Stolz, der ihr verblieb, um das abermalige Scheitern zu verwinden. Schwarzenberg hatte die Beziehung illusionsloser eingeschätzt: »Für uns beide taugt die Ehe nicht, wir würden bei unseren Gegensätzen der Lebensanschauungen, der Konfession, der Neigungen und Gewohnheiten beide unglücklich werden. Ich darf diese Blume nicht brechen, die viel zu rein für meine Hände ist.« Die Mitwelt fühlte für Elisa, es gab von allen Seiten Mitleidsbekundungen, auch von Wilhelm und Augusta. Es fehlte nicht an Rat, ihr Schonung angedeihen zu lassen. Allein Fürst Anton, der lebenslustige Vater, versteifte sich auf eine entgegengesetzte Art der Therapie. Im Berliner Winter 1833 veranstaltete er Festlichkeit auf Festlichkeit, und immer ermunterte er Elisa, durch Gesang, im Spiel und im Tanz mitzuhalten, er stürzte sie förmlich in einen Vergnügungstrubel. Mit scheinbarer Passion tanzte sie auf den unzähligen Bällen, trug Lieder vor, obwohl sie oft ein Versagen der Stimme zu befürchten hatte, alles dem geliebten Vater zu Gefallen. Innerlich war sie erschöpft und apathisch.

Im März dauerte eine Feier zu Wilhelm Radziwills Geburtstag vom Nachmittag bis morgens vier Uhr, am nächsten Tag waren die Radziwills zu einem Abendessen bei Prinz Wilhelm und Augusta eingeladen. Seit Jahren hatte sich Elisa nicht so unbefangen gegenüber ihrem ersten Verlobten gezeigt wie bei diesem Diner, es machte Wilhelm glücklich und hoffnungsfroh für die Zukunft, daß sich doch noch eine Freundschaft wie zwischen Bruder und Schwester einstellte.

Als man sich nach der Mahlzeit in Augustas Kabinett zurückgezogen hatte, überfiel Elisa im Lachen ein Hustenanfall, der mit einem schweren Blutsturz endete. Die Umstehenden fürchteten schon, die Katastrophe wäre nicht mehr abzuwenden. Elisa, den Tod vor Augen, hatte nur den einen Wunsch, nicht im Hause des Prinzen Wilhelm zu verlöschen. »Ach, nur nicht hier sterben, nur nicht hier sterben!« Trotz ärztlicher Bedenken wurde sie zum Palais Radziwill hinübergebracht. Wilhelm war auf das tiefste bestürzt. Daß dieses Leben versiegen sollte, gerade in dem Moment, wo es sich ihm in Freundlichkeit wieder zuneigte, verwundete ihn. Hufeland erkannte bald, daß an ein Aufkommen der Geschwächten nicht zu denken war, auch wenn sich leichte Anzeichen der Genesung zeigten.

Wenig später zog sich Fürst Anton eine Influenza zu. Seine sonst so feste Gesundheit überstand die Krankheit nicht; seine Umgebung schrieb es den Selbstvorwürfen zu, die er sich wegen seiner Mitschuld an Elisas Zusammenbruch machte. Sein Tod am 7. April wurde der Tochter über Wochen verborgen gehalten. Er war im Saal über dem Zimmer, in dem sie darniederlag, aufgebahrt, die Trauerfeier vollzog sich schweigend. Bevor Elisas Zimmer betreten werden durfte, hatten die Besucher, die Mutter eingeschlossen, die Trauerkleidung abzulegen, Grüße vom Vater wurden ihr ausgerichtet.

Marie von Clausewitz hat über die letzten Monate Elisas berichtet. Da heißt es am 30. Januar 1834: »Es geht ihr heute sehr viel besser, als vor 6 bis 8 Tagen, und kommen auch mitunter unruhige Momente, so ist sie meistens ganz ruhig, bei vollem Bewußtsein; sie schläft wieder, ist durch den Schlaf erquickt, ißt mit Appetit, kurz, sie scheint ganz in der Besserung, und Heims Behauptung, daß ihr trauriger Zustand nur etwas Vorübergehendes war, scheint sich immer mehr zu bewähren. Aber es war eine fürchterliche Krise, und das Traurigste dabei war, daß man sich des Gedankens nicht erwehren konnte, sie hätte der Ärmsten erspart werden können, wenn man ihr die nötige Ruhe gelassen und sie nicht immer wieder veranlaßt hätte, mehr zu tun, als ihre Kräfte erlaubten.«

Der erwähnte Medizinalrat Heim war der Berliner Hausarzt der Radziwills, ein langjähriger Freund der Familie. Der alte Heim starb zwei Wochen vor der Prinzessin. Sie hatte ihm ein Band bestickt, an dem er sich im Krankenlager aufrichten konnte. Die Fürstin Radziwill schrieb an Heims Tochter: »Ich wage es noch nicht, diese Trauernachricht Elisa zu sagen – sie liebte den lieben Heim wie einen zweiten Vater – und sie ist leider seit einigen Tagen sehr matt und angegriffen. Also hielt er das Band in seinen lieben Händen als er dem Herrn entschlief?«

Die Tochter antwortete: »Möchte Prinzessin Elisa sich stark genug fühlen, die Kunde von dem Tode ihres verklärten Freundes ohne Nachteil zu vernehmen, damit er, der im Leben so oft des Himmels Segen für sie erfleht hat, sie nicht durch seinen Tod verletzte.«

Im Frühjahr erholte sich Elisa, begann wieder zu zeichnen und schnitt gemalte Blumen aus, die die Mutter auf Tafeln von Goldpapier klebte. Elisa besuchte sogar ein Manöver, wo sie kurz mit Prinz Wilhelm zusammentraf. Da sie unter der Stadtluft litt, lud sie der König nach Freienwalde ein. Hier war vor vierzehn Jahren ihre Liebe zu Wimpus erweckt worden, hier versiegte ihr Leben nach dem drückend heißen Sommer 1834. Der letzte Zeuge ihres friedlichen Hinübergehens am 27. September war der Gatte ihrer Schwester Wanda, Adam Czartoryski.

1925 erhielt der letzte deutsche Kaiser im Doorner Exil aus dem Nachlaß der Großherzogin Luise von Baden ein Neues Testament, das Elisa gehört hatte. Die Fürstin Luise Radziwill hatte es dem Prinzen Wilhelm nach Elisas Tod geschenkt. Der alte Kaiser verfügte es testamentarisch an seine einzige Tochter. Elisa hatte das mit einem Kruzifix aus Lapislazuli geschmückte Büchlein zur Konfirmation empfangen. Sechs Tage vor ihrem Tod las die Mutter ihr einen Text aus dem Brief an die Hebräer vor: »Sie werden vergehen, du aber wirst bleiben.«

Die Trauer war allgemein. Wilhelm erfuhr die Nachricht am folgenden Morgen, mußte sie aber auf Königs Befehl für sich behalten, denn an diesem Tage zog Kaiserin Alexandra, seine Schwester Charlotte, in das festliche Berlin ein. Die Parade und eine Galaoper am Abend waren zu bestehen. Als Charlotte am nächsten Tage erfuhr, was man ihr vorenthalten hatte, begab sie sich sofort nach Freienwalde. Wilhelm war ihr vorausgeeilt, ihm zerriß der Tod der Geliebten fast das Herz. Nach der Totenfeier im Freienwalder Schloß wurde die Hülle im Dom von Posen beigesetzt und später in der Familiengruft auf Antonin bestattet.

Elisa war das Idol des preußischen Biedermeiers. Ihr Liebreiz entzückte alle, die sie kannten; von ihrem innigen Gemüt schwärmte eine ganze Generation. Die tiefe Frömmigkeit, die in ihr durch ein Leben voller Schicksalsschläge gewachsen war, teilte sich vielen mit, ganz besonders dem Prinzen Wilhelm. Er bewahrte sich Elisas Gläubigkeit bis ans Lebensende.

Elisa auf dem Totenbett

Summe

Eine Wahrheit kann erst wirken,
wenn der Empfänger reif für sie ist.
Morgenstern

Man sage nicht, für den Gang der Geschichte wäre es unerheblich gewesen, ob die erste deutsche Kaiserin Augusta oder Elisa geheißen hätte. Augusta machte Bismarck sein Wirken oft sehr schwer, und eine Polin als deutsche Kaiserin vermöchte die Phantasie der Historiker wohl in Bewegung zu setzen. Die Schlüsselfigur im Konflikt zwischen Liebe und Staatsräson bleibt König Friedrich Wilhelm III. Unentschlossen schwankte er über Jahre zwischen dem Glück des Sohnes und dem, was er der Dynastie schuldig zu sein glaubte.

Der Grundstock für seine Abneigung gegen alles Polnische war in der Jugend gelegt worden, als er auf Befehl des verachteten Vaters Unterricht in der polnischen Sprache nehmen mußte. Kaum an der Regierung, verfing er sich in einer Intrige gegen den polnischen Prinzen Anton Radziwill und mußte sich bei ihm entschuldigen. Die Ernennung Antons zum Statthalter in Posen war von ihm gedacht als Einflußnahme auf die ihn beunruhigenden polnischen Untertanen, für deren Wunsch nach einer gewissen Autonomie ihm jegliches Verständnis fehlte. Auch mag das Verlangen, den überlegenen polnischen Grandseigneur fern von sich zu wissen, mitgespielt haben. Antons hartnäckige Vorstellungen zugunsten seiner Landsleute wurden dem König von Mal zu Mal lästiger. Als Elisas Mutter begann, ihrer Tochter einen polnischen Hofstaat vorzubereiten, erfaßte die preußische Residenz Schrecken.

Die ins Spiel gebrachte Ebenbürtigkeitsfrage – schließlich waren der König und Elisa Vetter und Kusine – darf nicht darüber hinwegtäuschen, daß eine eingewurzelte Abneigung gegen das Polentum und ängstliche Rücksichtnahme auf die Winke aus Petersburg Friedrich Wilhelm III. am Ende bestimmten, die Ehe zu versagen. Sein Machtspruch hätte angebliche Hindernisse des Hausgesetzes aus dem Weg räumen können. Er getraute sich nicht.

Was die bisherigen Darstellungen am Hauptbetroffenen, dem Prinzen Wilhelm, als moralische Stärke hervorkehren, den bedingungslosen Gehorsam dem königlichen Vater gegenüber, kann mit mindestens der gleichen Berechtigung dem Prinzen als Schwäche ausgelegt werden. Wilhelm war nicht irgendein Prinz. Nachdem sich die Kinderlosigkeit des Kronprinzen erwiesen hatte, rückte er als möglicher Thronfolger in den Vordergrund, so auch von Weimar bei seiner Brautwerbung durchaus verstanden. Ein entschlossener Prinz, der es auf einen Affront hätte ankommen lassen, wäre seinem zaghaften Vater überlegen gewesen. In Preußen aber galt allein der Wille des Königs, auch eines schwachen Königs, so lange kein stärkerer sich regte. Dem Sohn kam diese Schwäche natürlich nicht ins Bewußtsein.

Der nachmalige deutsche Kaiser hat an seiner auf Königs Befehl zerstörten Jugendliebe bis ins hohe Alter getragen, ein Vorwurf gegen den Vater ist ihm nie über die Lippen gekommen. Deshalb ist Mitleid mit ihm, das alle vorliegenden Darstellungen teilen, eine meines Erachtens falsche Folgerung. Um auf Treitschke zurückzukommen, der die Literaturlawine über Elisa ausgelöst hat, sein hochtönendes Fazit von der Vorsehung geht an der Problematik dieser Liebesverbindung gänzlich vorbei. »Also erzog eine unerforschlich weise Waltung der Nation ihren Helden und lehrte den gehorchen und entsagen, der einst Deutschland beherrschen sollte.«

Nein, das Mitgefühl gehört Elisa, der polnischen Prinzessin, gehört ihrer Verlassenheit. Elisas Lebensglück ist falsch verstandener preußischer Staatsräson zum Opfer gefallen.

Zeittafel

1770 Prinzessin Luise v. Preußen, Fürstin Radziwill, geboren
Friedrich Wilhelm III. geboren
1776 Fürst Anton Radziwill geboren
Königin Luise geboren
1793 Kronprinz Friedrich Wilhelm v. Preußen verheiratet mit Prinzessin Luise v. Mecklenburg-Strelitz
1796 Prinz Anton Radziwill verheiratet mit Prinzessin Luise v. Preußen,
Friedrich Wilhelm II. gestorben, Friedrich Wilhelm III. König
1797 Kaiser Wilhelm I. geboren
1800 Fürst Friedrich v. Schwarzenberg geboren
1803 Prinzessin Elisa Radziwill geboren
1806 Prinz Louis Ferdinand gefallen
1807 Prinz Wilhelms Eintritt ins Heer
1810 Königin Luise gestorben
1811 Kaiserin Augusta geboren
1814 Prinz Wilhelms Feuertaufe
1815 Prinz Wilhelm konfirmiert
1817 Großfürst Nikolaus verheiratet mit Prinzessin Charlotte v. Preußen
1818 Prinz Wilhelm Generalmajor
1821 Erstes Gutachten zur Ebenbürtigkeit
1822 Prinz Wilhelms vorläufiger Verzicht auf Elisa
1823 Kronprinz Friedrich Wilhelm verheiratet mit Prinzessin Elisabeth v. Bayern
1824 Friedrich Wilhelm III. verheiratet mit Gräfin Auguste Harrach
1825 Zar Alexander I. gestorben
1826 Prinz Wilhelms endgültiger Verzicht auf Elisa

1829 Prinz Wilhelm verheiratet mit Prinzessin Augusta v. Sachsen-Weimar
1831 Kaiser Friedrich III. geboren
1832 Elisa verlobt mit Fürst Friedrich v. Schwarzenberg
1833 Fürst Anton Radziwill gestorben
1834 Prinzessin Elisa Radziwill gestorben
1836 Fürstin Luise Radziwill gestorben
1840 Friedrich Wilhelm III. gestorben, Friedrich Wilhelm IV. König
1858 Prinz Wilhelm Regent
1861 Königskrönung Wilhelms I. in Königsberg
1871 Kaiserproklamation in Versailles
1888 Wilhelm I. gestorben

Literatur

Aretz, Gertrude: Königin Luise. 1928
Baer, Oswald: Prinzeß Elisa Radziwill. 1908
Bernstorff, Gräfin Elise v.: Ein Bild aus der Zeit von 1789–1835. 1896
Brackmann, Albert (Hrsg.): Deutschland und Polen. 1933
Bunsen, Marie v.: Kaiserin Augusta. 1940
Eylert, Rulemann Friedrich: Charakterzüge aus dem Leben Friedrich Wilhelms III. 1847
Fontane, Theodor: Wanderungen durch die Mark Brandenburg. 1862ff.
Griewank, Karl: Königin Luise. 1925
Hartmann, Heinrich E. O.: Probleme des Polentums in Preußen. 1973
Heine, Heinrich: Briefe aus Berlin. 1822
Henning, Bruno: Elisa Radziwill. 1911
Hermann, Georg: Das Biedermeier. 1913
Herre, Franz: Kaiser Wilhelm I. 1980
Hubatsch, Walther: Hohenzollern in der Geschichte. 1961
Jagow, Kurt: Jugendbekenntnisse des Alten Kaisers. 1939

Kleßmann, Eckart: Prinz Louis Ferdinand. 1972
Marcks, Erich: Kaiser Wilhelm I. 1897
Meinecke, Friedrich: Das Zeitalter der deutschen Erhebung. 1906
Merbach, Paul Alfred (Hrsg.): Wilhelms I. Briefe an seinen Vater. 1922
Moritz, Erhard: Preußen und der Kościuszko-Aufstand. 1968
Natzmer, Gneomar Ernst v.: Kaiser Wilhelm I., die Prinzessin Elisa Radziwill und die Kaiserin Augusta. 1890
Nawakowski, Tadeusz: Die Radziwills. 1966
Pagel, Karl: Der Alte Kaiser. 1924
Paulig, F. R.: Friedrich Wilhelm III. 1905
Plath, Wolfgang: Deutsche und Polen. 1980
Raczyński, Graf Joseph A. (Hrsg.): Noch ist Polen nicht verloren. 1984
Radziwill, Fürstin Luise: Fünfundvierzig Jahre aus meinem Leben. 1912
Schobert, Thekla v.: Unter fünf Königen und drei Kaisern. 1891
Schottmüller, Kurt: Der Polenaufstand 1806/7. 1907
Schwarzenberg, Friedrich: Aus dem Wanderbuch eines verabschiedeten Lanzknechts. 1848
Scurla, Herbert: Rahel Varnhagen. 1962
Treitschke, Heinrich v.: Deutsche Geschichte III. 1885
Vehse, Eduard: Geschichte des preußischen Hofes. 1901
Wiegler, Paul: Wilhelm der Erste. 1927
Wilhelm II.: Aus meinem Leben. 1927
Wilhelm II.: Meine Vorfahren. 1929

HOHENZOLLERN

- Johann Georg, Kurfürst v. Brandenburg, 1525–1598
  - Elisabeth Sophie ⚭

- Friedrich Wilhelm, Gr. Kurfürst, 1620–1688
  - ⚭ 1. Luise Henriette v. Oranien
    - Friedrich I., König in Preußen, 1657–1713 ⚭ Sophie Charlotte v. Hannover
      - Friedrich Wilhelm I., König in Preußen, 1688–1740 ⚭ Sophie Dorothea v. Hannover
        - Friedrich II., d. Gr., König v. Preußen, 1712–1786 ⚭ Elisabeth Christine v. Braunschweig-Bevern
        - August Wilhelm, 1722–1758 ⚭ Luise v. Braunschweig-Wolfenbüttel
          - Friedrich Wilhelm II., König v. Preußen, 1744–1797 ⚭ Friederike v. Hessen-Darmstadt
            - Friedrich Wilhelm III., König v. Preußen, 1770–1840 ⚭ Luise v. Mecklenburg-Strelitz
              - Friedrich Wilhelm IV. König v. Preußen, 1795–1861 ⚭ Elisabeth v. Bayern
              - Wilhelm I. Dt. Kaiser, 1797–1888 ⚭ Augusta v. Sachsen-Weimar
                - Friedrich III. Deutscher Kaiser, 1831–1888 ⚭ Victoria v. Großbritannien
                  - Wilhelm II. Deutscher Kaiser, 1859–1941 ⚭ Auguste Viktoria v. Schleswig-Holstein-Sonderbg. (abgedankt 1918)
              - Charlotte, 1798–1860 ⚭ Zar Nikolaus
              - Karl, 1801–1883 ⚭ Marie v. Sachsen-Weimar
              - Alexandrine, 1803–1892 ⚭ Paul Friedrich v. Mecklenburg-Schwerin
              - Ferdinand, 1806
              - Luise, 1808–1870 ⚭ Friedrich Prinz der Niederlande
              - Albrecht, 1809–1872 ⚭ Marianne v. Niederlande
        - Ferdinand, 1730–1813 ⚭ Luise v. Brandenburg-Schwedt
          - Luise ⚭, 1770–1836
          - Louis Ferdinand, 1772–1806
          - August, 1779–1843
  - 2. Dorothea v. Holstein-Glücksburg
    - Markgraf Ludwig ⚭, 1667–1687

RADZIWILLS

Janus VI.
1579–1620

Boguslav, Generalgouverneur in Preußen
1620–1669
∞ Anna Maria Radziwill, Tochter Janusz' XI.

Ludwika Karolina

Michael VI., Palatin v. Wilna
1744–1831
∞ Helena, Gräfin Przezdziecka

Anton, Statthalter in Posen
1775–1833

Michael, polnischer Oberbefehlshaber
1778–1850
∞ Gräfin Stecka

Wilhelm
preuß.
General
1797–1870
∞ Mathilde
v. Clary u.
Aldringen

Anton,
General-
adjutant v.
Wilhelm I.
1833–1904
∞ Maria de
Castellana

Stanislaw
Adjutant v.
Pilsudski
gest. 1920

Ferdinand
1798–1827

Luise
1799–1808

Friderike
Helene
1800–1801

Elisa
1803–1834

Wladislav
1811–1831

Boguslav
Mitglied d.
Preuß. Her-
renhauses
1809–1873
∞ Leontine
v. Clary u.
Aldringen

Ferdinand
Mitglied d.
Deutschen
Reichstags
später d.
Sejm
1834–1926

Wanda
1813–1846
∞ Prinz
Adam
Czartoryski

Namenverzeichnis